HET VOEDSELZANDLOPER KOOKBOEK

PAULINE WEURING

HET VOEDSELZANDLOPER KOOKBOEK

HET OFFICIËLE KOOKBOEK MET VOORWOORD EN WEETJES VAN KRIS VERBURGH

PROMETHEUS • BERT BAKKER

Eerste druk 2013
Twaalfde druk 2014

© 2013 Recepten Pauline Weuring
© 2013 Woord vooraf en weetjes Kris Verburgh
Foto's binnenwerk Pauline Weuring
Illustraties binnenwerk Charley Muhren/CMRB
Illustratie voedselzandloper pagina 13 Kirsten Quast
Omslagontwerp en vormgeving binnenwerk Diewertje van Wering
www.prometheusbertbakker.nl
ISBN 978 90 351 4107 0

Inhoudsopgave

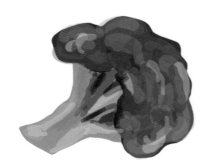

Woord vooraf

Dit is niet zomaar een kookboek. Dit is een kookboek dat via voeding het verouderingsproces wil vertragen. Het beste instrument dat we vandaag tot onze beschikking hebben om gezond oud te worden is onze voeding.

Wat we eten kan onze gezondheid sterk beïnvloeden. Ten eerste zijn er talloze studies die de invloed van voeding op typische verouderingsziekten, zoals hart- en vaatziekten, diabetes of dementie, aantonen. Volgens een studie met 120.000 proefpersonen hadden mensen die een handvol walnoten per dag aten 45 procent minder kans op een hartaanval. Een andere studie toonde aan dat personen die minstens drie keer per week fruitsap of groentesap dronken 76 procent minder kans hadden op de ziekte van Alzheimer. Interessant is dat wanneer de proefpersonen nog maar twee keer per week sap dronken, ze slechts 16 procent minder kans hadden op de ziekte van Alzheimer.

Uiteraard, mensen die regelmatig walnoten eten en versgeperst fruitsap drinken, leven sowieso gezonder (ze roken minder, bewegen meer, eten meer groente et cetera). Het zijn daarom een ander soort studies, de zogenoemde 'interventiestudies', die pas echt het potentieel van gezonde voeding aantonen. Volgens deze studies zijn verschillende 'chronische' verouderingsziekten toch omkeerbaar. Zo konden wetenschappers van de universiteit van Newcastle in het Verenigd Koninkrijk in acht weken tijd type 2-diabetes bij patiënten omkeren. Na acht weken een (streng) dieet te volgen dat voornamelijk uit groente bestond, waren de bloedsuikerspiegels genormaliseerd, was de vervetting van de lever vijf keer minder en werkte de alvleesklier (die insuline produceert) weer normaal.

Hetzelfde was zichtbaar bij hart- en vaatziekten. Onderzoekers van de universiteit van Harvard verzamelden hartpatiënten die op een wachtlijst stonden voor een hartoperatie. Dankzij een gezond dieet kon 80 procent van deze patiënten van de wachtlijst gehaald worden: ze hadden geen hartoperatie meer nodig dankzij gezonde voeding.

Echter, om zulke resultaten te bereiken dient het voedingsadvies doortastend genoeg te zijn. Het standaard voedingsadvies van de overheid of veel gezondheidsinstellingen is vaak niet drastisch genoeg, zodat de verkregen gezondheidsvoordelen ook weinig indrukwekkend zijn. Diabetes kun je niet 'omkeren' door witbrood te vervangen door volkorenbrood. Maar als diabetespatiënten onder meer geen brood meer eten (evenals aardappelen en pasta), dan kan hun ziekte wel omkeerbaar zijn, of sterk afgeremd worden. Idem voor hart- en vaatziekten en talloze andere verouderingsziekten.

Kortom, in dit kookboek komt dit meer doortastende gezondheidsadvies ruimschoots aan bod. Zoals we zullen zien, is dit advies ironisch genoeg minder drastisch of moeilijk dan het lijkt. Het is vooral een andere manier van eten. Een manier die eenvoudig toe te passen is in het dagelijkse leven, op voorwaarde dat er goede alternatieven aangeboden worden, voor brood, pasta, aardappelen of rijst. Dit kookboek bevat recepten die gebaseerd zijn op de voedselzandloper, een model dat werd bedacht om lezers te helpen gezondere voedingskeuzes te maken. Het doel van dit model is niet enkel om gewicht te verliezen, maar vooral om het verouderingsproces te vertragen. *Het voedselzandloperkookboek* wil aantonen dat gezonde voeding niet enkel van groot belang is, maar ook bijzonder lekker kan zijn. Smakelijk!

Dr. Kris Verburgh

De basisprincipes

We worden vandaag de dag gebombardeerd met tegenstrijdig voedingsadvies. De ene keer vermindert koffie het risico op een hartaanval, de andere keer lezen we dat koffie hartritme-stoornissen veroorzaakt. Nog lastiger is het wanneer we op dieet willen gaan. Er bestaan talloze diëten, het ene dieet nog gekker dan het andere. Hoe kunnen we door de bomen het bos nog zien? Wat is nu gezonde voeding? Wat is nu een gezonde manier om af te vallen?

Eigenlijk is het eenvoudig. Als we gewicht willen verliezen of gezonder willen leven, dienen we eerst en vooral minder brood, aardappelen, pasta en rijst te eten. Als je dat doet val je af, verminder je je diabetes, verminder je het risico op een hartaanval en vertraag je het verouderingsproces. Brood, aardappelen, pasta en rijst zijn immers bronnen van suiker. Deze producten zijn opgebouwd uit zetmeel, en zetmeel is niets anders dan lange ketens van glucose. Zonder dat we het beseffen, eten we een grote dagelijkse portie suikers in de vorm van brood of aardappelen. Deze suikers versnellen het verouderingsproces. De suikers in brood of aardappelen komen immers vanuit de darm terecht in de bloedbaan, waar ze een hoge suikerpiek veroorzaken. Deze suikerpiek zet allerlei mechanismen in gang die veroudering versnellen, zoals de productie van bepaalde groeihormonen (zoals *insuline-like growth factor 1*) of via rechtstreekse versuikering van onze weefsels, waarbij de bloedvaten harder worden of de huid rimpels krijgt door versuikering.

Wat zegt de wetenschap over minder brood of aardappelen? En vooral over de suikerpieken die ze veroorzaken? Recente studies tonen aan dat de 'laag-glycemische indexdiëten' de gezondste diëten zijn. De glycemische index van een voedingsmiddel is immers een maat voor hoe hoog de suikerpiek is die dit voedingsmiddel veroorzaakt wanneer we het eten. Hoe hoger de suikerpiek, hoe hoger de glycemische index. Kortom, een laag-glycemisch indexdieet is een dieet dat lage suikerpieken veroorzaakt.

Grote en recente studies tonen aan dat laag-glycemische indexdiëten gezonder zijn dan de hoge-eiwitdiëten of de vetarme diëten. Het is daarom dat wetenschappers van topuniversiteiten zoals Harvard en gekende instituten zoals de Mayo-kliniek laag-glycemische indexdiëten adviseren die veel minder brood, aardappelen, pasta of rijst bevatten. Wetenschappers van de universiteit van Harvard hebben aardappelen zelfs in de verboden top van hun voedingsdriehoek geplaatst, naast snoepgoed en frisdrank. Aardappelen veroorzaken immers hogere suikerpieken dan pure witte tafelsuiker. Artsen van de Mayo-kliniek (een van de meest gereputeerde ziekenhuizen in de VS) hebben de basis van de klassieke voedingsdriehoek die bestond uit brood, aardappelen, rijst of pasta volledig vervangen door groente en fruit. Ook sommige Europese landen hebben dit al gedaan, zoals Oostenrijk en Zwitserland. Kortom, de basis van onze voeding dient niet te bestaan uit brood, aardappelen, rijst of pasta, maar uit groente, peulvruchten en fruit.

Natuurlijk, het eten van geen of veel minder brood, aardappelen, pasta of rijst is maar een deel van het verhaal. We dienen ook minder rood vlees (afkomstig van rund, schaap, varken of paard) te eten, en dit te vervangen door vette vis of wit vlees zoals gevogelte. We zouden in zijn geheel minder vlees dienen te eten, wit of rood, omdat onderzoek aantoont dat veel (vooral dierlijke) proteïnen het verouderingsproces versnellen. Daarnaast dienen we ook ongezonde vetten meer te vervangen door gezonde vetten zoals olijfolie, walnootolie en lijnzaadolie.

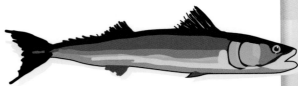

Om deze aanbevelingen overzichtelijk te maken, heb ik deze gegoten in een model dat ik de voedselzandloper noem. De voedselzandloper kan dienen als alternatief voor de verouderde schijf van vijf of de voedingsdriehoek. De voedselzandloper wil mensen vooral helpen gezondere voedingskeuzes te maken, met het oog op het vertragen van het verouderingsproces en het verminderen van het risico op allerlei verouderingsziekten.

De voedselzandloper bestaat uit twee gedeeltes: een bovenste (omgekeerde) driehoek en een onderste driehoek. De bovenste driehoek bevat ongezonde voeding waarvan we minder dienen te eten. De onderste driehoek bevat gezonde voeding waarvan we meer dienen te eten. De twee driehoeken zijn symmetrisch ten opzichte van elkaar, zodat je meteen kunt zien hoe je de ongezonde voeding door gezondere alternatieven kunt vervangen. Zo kun je rood vlees in de bovenste rode laag vervangen door gezondere alternatieven in de onderste rode laag, zoals door gevogelte, kip of tofoe.

Kortom, de voedselzandloper wil dienen als leidraad. Iedereen kiest zelf hoever hij of zij hierin gaat. Sommige mensen zullen geen brood meer eten, anderen eten nog wel enkele dagen per week brood. Sommigen zullen minder rood vlees eten, anderen zullen geen rood vlees meer eten. Het belangrijkste is echter dat we stilstaan bij het belang van voeding voor onze gezondheid, zowel op korte als lange termijn. Op korte termijn kan gezonde voeding allerlei 'vage', maar daarom niet minder vervelende gezondheidsklachten verbeteren, zoals vermoeidheid, spierpijn, brandend maagzuur, een moeilijke spijsvertering of een ongezond uitziende huid. Op lange termijn kan gezonde voeding het verouderingsproces vertragen. Kortom, de voedselzandloper wil niet enkel meer jaren aan je leven toevoegen, maar ook meer leven aan je jaren.

> *De voedselzandloper wil niet enkel meer jaren aan je leven toevoegen, maar ook meer leven aan je jaren*

De 7 basisprincipes

1. Geen of zo weinig mogelijk brood, aardappelen, pasta en rijst.

2. Havermoutpap (gemaakt met plantaardige melk) als broodvervanger. Aardappelen, pasta en rijst worden vervangen door (extra) groente, peulvruchten of paddenstoelen.

3. Geen melk of yoghurt. Deze vervangen door plantaardige melk (zoals soja-, rijst- of amandelmelk) en sojayoghurt of sojapap. Kaas en eieren mogen.

4. Weinig rood vlees (varken, rund, schaap, paard), en vooral vette vis (zalm, makreel, haring, ansjovis en sardines) en gevogelte (kip, kalkoen).

5. Groente en fruit zijn de basis van de voedselzandloper.

6. Veel water, enkele koppen groene of witte thee per dag en één glas versgeperst vruchten- of groentesap. Koffie en alcohol met mate mogen.

7. Het innemen van 'intelligente' voedingssupplementen (jodium, magnesium, vitamine D, selenium, B-vitamines).

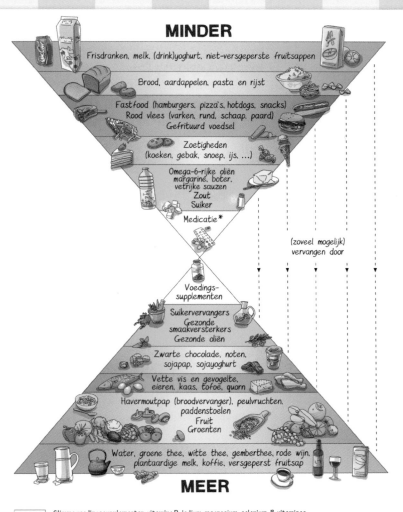

MINDER

Frisdranken, melk, (drink)yoghurt, niet-versgeperste fruitsappen

Brood, aardappelen, pasta en rijst

Fastfood (hamburgers, pizza's, hotdogs, snacks)
Rood vlees (varken, rund, schaap, paard)
Gefrituurd voedsel

Zoetigheden
(koeken, gebak, snoep, ijs, ...)

Omega-6-rijke oliën
margarine, boter,
vetrijke sauzen
Zout
Suiker

Medicatie*

(zoveel mogelijk)
vervangen door

Voedings-
supplementen

Suikervervangers
Gezonde
smaakversterkers
Gezonde oliën

Zwarte chocolade, noten,
sojapap, sojayoghurt

Vette vis en gevogelte,
eieren, kaas, tofoe, quorn

Havermoutpap (broodvervanger), peulvruchten,
paddenstoelen
Fruit
Groenten

Water, groene thee, witte thee, gemberthee, rode wijn,
plantaardige melk, koffie, versgeperst fruitsap

MEER

Slimme voedingssupplementen: vitamine D, jodium, magnesium, selenium, B-vitamines.

Gezonde suikervervangers: stevia, tagatose, suiker-alcoholen (erythritol), appelmoes, geplette bananen of gemalen dadels.
Gezonde smaakversterkers: kruiden (curcumine, peterselie, tijm, rozemarijn, basilicum, oregano, marjolijn of munt), knoflook,
ajuin, citroensap, azijn (balsamico, frambozenazijn, tomatenazijn), kalium.
Gezonde oliën: olijfolie, lijnzaadolie, walnootolie, Canola-koolzaadolie, sojaolie, perillaolie.
Omega-6-rijke oliën: maisolie, zonnebloemolie, palmolie, sesamzaadolie.

Vette vis: zalm, makreel, haring, ansjovis, sardines.
Vleesvervangers: tofoe (afkomstig van soja) en quorn (afkomstig van een fungus).
Biologisch vlees en zuivelproducten (afkomstig van runderen en kippen die gras als voedsel krijgen).
bevatten 20 maal meer gezonde omega-3 dan ongezonde omega-6-vetzuren.

Peulvruchten: bonen, erwten, linzen, sojabonen.

Water kan op smaak worden gebracht met citroen, salie of tijm.
Plantaardige melk: sojamelk, amandelmelk, rijstmelk, ...
Alcohol: maximaal 2 consumpties per dag (mannen) of 1 consumptie per dag (vrouwen), met alcoholvrije dag(en).
Koffie: maximaal 3 consumpties per dag.

Calorierestrictie: 30% minder eten verlengt de levensduur met 30%.
Beweging: niet de intensiteit is van belang, maar wel de regelmaat.
Relaxatie: meditatie, yoga, zelfhypnose, ademhalingscursussen.
Sociale contacten: besteed tijd aan familie, vrienden, verenigingen, vrijwilligerswerk.

* Medicatiewijzigingen altijd overleggen met een arts.

Een afbeelding van de voedselzandloper in kleur kan gedownload worden van www.voedselzandloper.com. Om op de
hoogte te blijven van nieuws omtrent voeding, veroudering en gezondheid kun je je op de site inschrijven voor de
nieuwsbrief of fan worden van de Facebook-pagina van *De voedselzandloper*.

Enkele praktische voorbeelden

's Ochtends

Als ontbijt havermoutpap in plaats van brood of ontbijtgranen. De havermoutpap wordt klaargemaakt met plantaardige melk zoals sojamelk of rijstmelk. Bij de havermoutpap kun je bijvoorbeeld blauwe bessen, frambozen, zwarte chocolade of walnoten eten.

's Middags en 's avonds

Eet je een warme of koude schotel waarbij je aardappelen, pasta of rijst vervangt door peulvruchten, paddenstoelen of een extra portie groente. Een voorbeeld is zalm met broccoli en paddenstoelen.

Groente vormt de basis, en kan op smaak gebracht worden met dressings (een saus op oliebasis, bijvoorbeeld voor salades), vinaigrettes (een vinaigrette is een dressing met iets zuurs, meestal azijn), dips, kruiden, ui et cetera.

Ontbijt

Tip

Varieer je
havermoutpap.
Bereid de pap
met sojamelk,
rijstmelk, amandelmelk
of havermoutmelk. Voeg
rozijnen, stukjes walnoot,
abrikozen, appel of banaan
toe. Gebruik kruiden zoals
kaneel, tijm of speculaaskruiden.

Havermoutpap met vers fruit

1 PERSOON

Dit heb je nodig

40 gr havermout
200 ml amandelmelk
1 kiwi
1 nectarine
Handje amandelen

Zo maak je het

Verwarm de havermout met de melk in een pannetje.

Breng het al roerend aan de kook en laat het gedurende 5 tot 10 minuten zachtjes koken.

Snijd de kiwi in plakjes en de nectarine in partjes.

Serveer de havermoutpap met het verse fruit en garneer met de amandelen.

Variaties

Vervang de kiwi en de nectarine door blauwe bessen, frambozen en aardbeien.

Snijd een appel in partjes, bestrooi deze met kaneel en bak dit kort aan in wat olijfolie. Serveer de warme pap met de gebakken kaneelappeltjes.

Vervang de hele amandelen door hazelnoten, pecannoten, walnoten of een mengeling hiervan.

Voeg lijnzaad, chiazaad, pompoenpitten of zonnebloempitten toe voor een extra bite.

Havermoutpap veroorzaakt lagere suikerpieken dan wit- of bruinbrood. Daarom is het een ideale broodvervanger, zeker wat het ontbijt betreft. Let wel op met instanthavermout. Deze havermout is zodanig voorbewerkt dat deze hogere suikerpieken veroorzaakt dan de gewone havermout. En deze suikerpieken versnellen het verouderingsproces. Instanthavermoutpap is pap die maar enkele minuten dient te koken (meestal slechts 2 minuten). Hoe langer je de pap dient te koken, hoe beter.

Havermoutpap met rood fruit

1 PERSOON

Dit heb je nodig

30 gr havermout
150 ml amandelmelk
Handje blauwe bessen
Handje frambozen
2 takjes rode bessen
1 tl kaneel

Zo maak je het

Meng de havermout met de amandelmelk en zet het in de koelkast.

Haal de volgende morgen de havermoutpap uit de koelkast.

Voeg de kaneel toe en roer het door elkaar.

Was het fruit en voeg het toe aan de pap.

Serveer de pap koud of verwarm kort.

Diabetespatiënten met een ontregelde suikerspiegel die twee dagen lang havermoutpap te eten kregen, stabiliseerden niet enkel hun bloedsuiker, ze hoefden bovendien 40 procent minder insuline te gebruiken. Vier weken later hadden ze nog steeds 40 procent minder insuline nodig.

Granola van quinoa

EEN FLINKE POT VOL

Dit heb je nodig

75 gr havermout
30 gr quinoa
30 gr quinoavlokken
40 gr quinoazaden
15 gr pompoenpitten
15 gr zonnebloem-
pitten
15 gr lijnzaad
50 gr gemengde
noten
30 gr rozijnen
50 gr gedroogde
abrikozen
70 ml appelsap
2 el olijfolie

Zo maak je het

Verwarm de oven voor op 180 graden.

Doe de havermout, quinoa, quinoavlokken, quinoazaden, de zonnebloem- en pompoenpitten, het lijnzaad en de gemengde noten in een kom.

Voeg het appelsap en de olie toe en meng het geheel goed door elkaar.

Verdeel het mengsel over een bakplaat bekleed met bakpapier.

Rooster de granola in ongeveer 15 minuten goudbruin in de oven.

Meng het tussentijds door elkaar met een lepel. Laat het vervolgens afkoelen.

Snijd de abrikozen in stukjes en voeg deze samen met de rozijnen bij de geroosterde granola.

Eet je granola met sojayoghurt en vers fruit.

Quinoa lijkt op een graan, maar is het niet. Quinoa is familie van spinazie. Het bevat in tegenstelling tot granen minder suikers en veroorzaakt dus minder hoge suikerpieken. Het is een geschikte vervanger voor aardappelen, pasta en rijst (net zoals peulvruchten, paddenstoelen of een extra portie groente).

Laagjesyoghurt met tropisch fruit

1 PERSOON

Dit heb je nodig

1 mango
2 passievruchten
2 perziken
5 el water
3 el sojayoghurt
1 el pompoen- en zonnebloempitten

Zo maak je het

Maak eerst een fruitcompote van de tropische vruchten.

Schil de mango en snijd deze in blokjes. Snijd hierbij om de pit heen.

Snijd de perziken met schil en al in blokjes en verwijder de pit.

Doe dit in een steelpannetje en voeg het vruchtvlees van de passievruchten toe.

Voeg 5 el water toe en laat de compote op een laag vuurtje in ongeveer 15 minuten zacht worden. Maak de fruitmassa eventueel iets gladder met een staafmixer. Dit hoeft niet per se, je kunt de blokjes ook hun vorm laten behouden.

Laat de compote iets afkoelen.

Verdeel een lepel sojayoghurt in een beker, verdeel daarover een lepel fruitcompote. Deze stappen herhaal je nog een keer en je eindigt met een laagje yoghurt.

De overige compote bewaar je in de koelkast voor de volgende dag.

Verdeel de zaden over de yoghurt.

Boekweitpannen-koeken met bessencompote

12 STUKS

Dit heb je nodig

60 gr boekweitmeel
60 gr amandelmeel
2 eieren
150 ml amandelmelk
2 tl bakpoeder
Snuf zout
60 gr blauwe bessen
1 druppel vloeibare stevia
1 el water
Olijfolie

Zo maak je het

Meng het boekweitmeel met het amandelmeel en een snuf zout in een kom.

Voeg één voor één de eieren toe en meng het geheel door elkaar.

Voeg de amandelmelk toe en klop er een egaal beslag van.

Meng op het laatste moment het bakpoeder door het beslag.

Zet een pan op een middelhoog vuur met wat olijfolie.

Giet met een lepel 3 hoopjes beslag in de pan en bak de pannenkoeken aan weerszijden goudbruin.

Als er belletjes ontstaan op de bovenkant, kun je de pannenkoeken omdraaien.

Zet een steelpan op het vuur en doe daar de blauwe bessen in met een el water.

Laat dit op een zacht vuurtje in ongeveer 10 minuten zacht worden.

Breng de bessencompote op smaak met wat stevia.

Serveer de pannenkoeken met de warme compote.

Boekweit wordt vaak als een graan beschouwd, maar is het niet. Het is verwant aan rabarber. Boekweit heeft een lagere glycemische index dan gewone granen zoals tarwe, wat wil zeggen dat het minder hoge suikerpieken in het bloed veroorzaakt.

Tip

Voeg wat
stukjes chocola
toe voor nog
meer smaak.

Ontbijtmuffins

8 STUKS

Dit heb je nodig

125 gr havermout
1 banaan
2 eieren
150 ml sojamelk
2 tl bakpoeder
30 gr hazelnoten
30 gr pecannoten
Snuf zout

Materialen

Muffinvorm
Muffinpapiertjes

Zo maak je het

Verwarm de oven voor op 170 graden.

Mix de banaan met de eieren, de sojamelk, de havermout en een snuf zout kort in een keukenmachine.

Voeg het bakpoeder toe en spatel het geheel door elkaar.

Hak de noten grof en meng ze door het beslag.

Leg 8 muffinpapiertjes in de muffinvorm. Verdeel het beslag over de muffinvormpjes en bak de muffins in 25 minuten af.

De muffins zijn klaar als een satéprikker er schoon en droog uit komt, nadat je deze in de muffin gestoken hebt.

Laat de muffins afkoelen op een rooster.

Veel vezels eten, bijvoorbeeld in de vorm van havermout, is een van de belangrijkste voorspellers voor een gezond leven. Elke dag een kom havermout eten is even gezond als vier uur per week joggen.

Havermoutshake

1 PERSOON

Dit heb je nodig

40 gr havermout
200 ml amandelmelk
2 medjooldadels
1 banaan
1 tl kaneel

Zo maak je het

Snijd de dadels in stukjes.

Mix de dadels met de melk in een keukenmachine, totdat de dadels helemaal versnipperd zijn.

Voeg de banaan toe en mix het nogmaals.

Voeg ten slotte de kaneel en de havermout toe en mix er een gladde shake van.

Vind je de shake te dik? Voeg dan wat extra amandelmelk toe.

Tip

Deze muffins zijn ook koud lekker en prima mee te nemen naar je werk.

Eimuffins

8 STUKS

Dit heb je nodig

6 eieren
100 gr kerstomaatjes
50 gr verse dop-
erwten
2 lente-uitjes
Handje peter-
selie
Handje bieslook
40 gr geraspte
belegen kaas
Peper en zout

Materialen

Muffinvorm

Zo maak je het

Verwarm de oven voor op 180 graden.

Was de tomaatjes en snijd deze in vieren.

Snijd de lente-ui in ringetjes.

Hak de groene kruiden fijn.

Vet een muffinvorm in met wat bakspray.

Verdeel de tomaatjes, de doperwten en de lente-uitjes over de bodem van de muffinvorm.

Klop de eieren luchtig en voeg de gehakte peterselie en bieslook toe.

Meng de geraspte kaas door de eieren en breng de eimassa verder op smaak met peper en zout.

Giet de eivulling over de groentes in de muffinvorm.

Bak de eimuffins in ongeveer 30 minuten af. Ze zijn klaar als ze goudbruin vanboven zijn.

Laat ze iets afkoelen in de oven.

Tip

Voeg wat geraspte kaas en kruiden toe voor lekkere borrelcrackers.

Knapperige crackers

10 STUKS

Dit heb je nodig

125 gr gebroken lijnzaad
25 gr sesamzaad
50 gr zonnebloempitten
50 gr pompoenpitten
180 ml water
1 tl zout

Zo maak je het

Verwarm de oven voor op 175 graden.

Meng alle zaden in een kom en voeg het zout en het water toe.

Meng het door elkaar en laat de massa een halfuurtje staan.

Al het vocht is nu opgenomen en er is een beslag ontstaan.

Leg een vel bakpapier op een bakplaat en verdeel de massa in de vorm van een rechthoek over de bakplaat.

Spreid het goed uit en leg een extra vel bakpapier op de zaden.

Druk de massa goed aan met je handen of met een deegroller.

Verwijder het vel bakpapier en bak de crackers in 25 minuten af.

Snijd ze in 10 gelijke delen en laat ze afkoelen.

Lijnzaad bevat plantaardige omega 3-vetzuren, die gezond zijn voor het hart en de hersenen. Ze verminderen ook ontsteking in het lichaam.

Tip

Serveer deze smeersels met de crackers van pagina 35.

Ontbijtsmeersels

Hazelnootpasta

Rooster 50 gr hazelnoten in een droge koekenpan. Draai in een keukenmachine de hazelnoten met 2 el olijfolie en ½ tl stevia glad. Voeg op het laatst 50 gr gesmolten chocola toe en meng er een gladde pasta van.

Pindakaas

Draai een gladde pasta van 250 gr ongezouten pinda's en 1 tl kaneel in een keukenmachine. Mix net zo lang tot de massa glad en smeuïg is.

Vanille-kersenjam

Verwarm 250 gr kersen zonder pit in een steelpannetje met 1 el water en 1 tl stevia. Schraap het merg uit een vanillestokje en voeg zowel het merg als het vanillestokje bij de kersen. Laat het in 15 minuten op een laag vuurtje zacht koken. Verwijder het vanillestokje en voeg ½ tl agaragar toe en breng het mengsel nog even kort aan de kook. Giet de jam in een schone pot.

Al gehoord van het *diner as breakfast*-principe? Dit houdt in dat je voor het avondeten wat meer eten klaarmaakt. Dat extra eten kun je dan de volgende dag voor het ontbijt gebruiken. Dit is een goede manier om tijd te besparen. Je bereidt twee maaltijden in één keer en je hebt 's morgens meteen een gezond ontbijt klaar.

Tip

Je kunt deze pap ook warm eten, de chocola zal dan lekker gaan smelten.

Overnight oats

1 PERSOON

Dit heb je nodig

30 gr havermout
150 ml sojamelk
½ banaan
Handje hazelnoten
15 gr pure chocola

Zo maak je het

Meng de havermout met de sojamelk en zet het in de koelkast.

Haal de volgende morgen de havermoutpap uit de koelkast.

Snijd de chocola in stukjes en voeg die bij de havermout.

Snijd de banaan in plakjes en verdeel deze over de pap.

Garneer de havermoutpap met de hazelnoten.

GEZONDE LEEFSTIJL

Als je op vier zaken let, kun je de kans op een hartaanval met 92 procent verminderen. Dat was de conclusie van een studie met 82.000 deelnemers die maar liefst 26 jaar duurde. Als mensen geen overgewicht hadden, niet rookten, regelmatig sportten en een gezond dieet aten (veel groente, fruit, noten, peulvruchten en vis), hadden ze 92 procent minder kans om aan een hartaanval te sterven. Deze en gelijksoortige studies geven een heel andere kijk op gezondheid. Sommige wetenschappers zijn zelfs van mening dat elke hartaanval of beroerte die plaatsvindt voor de leeftijd van 80 jaar in principe vermeden had kunnen worden.

HAVERMOUTPAP

Maak in één keer havermoutpap klaar voor drie dagen. Bewaar de havermoutpap in een kom in de koelkast. Schep de havermoutpap eruit wanneer je gaat ontbijten of zin hebt in een gezond vieruurtje, al dan niet heropgewarmd voor een lekkere smaak.

Smelt in een kom enkele stukken donkere chocolade, samen met wat sojaroom. Giet de gesmolten chocolade in enkele kommetjes of een grote schaal, en giet daar dan de havermoutpap over. Dek vervolgens de havermoutpap af met schijfjes vijg.

ROOD EN BLAUW FRUIT

Rood en blauw fruit zoals aardbeien of bosbessen geven je niet alleen een stralende huid, maar houden ook de bloedvaten gezond. Proefpersonen die regelmatig rood en blauw fruit eten, hebben een lagere bloeddruk, gezondere bloedplaatjes en betere cholesterolverhoudingen.

ONTBIJTEN

Niet ontbijten is ongezond. Het ontbijt stelt je lichaam af voor de dag die komen moet. Mensen die niet ontbijten komen meer aan, presteren cognitief minder goed in de voormiddag (zelfs al eten ze om tien uur een snelle hap) en hebben een grotere kans op hoge bloeddruk en hart- en vaataandoeningen. Mannen die regelmatig hun ontbijt overslaan hebben 27 procent meer kans op een hartaanval.

BLAUW FRUIT

Oude proefdieren die fruit zoals blauwe bessen te eten krijgen, presteren beter op allerlei tests die het geheugen, evenwicht en bewegingscoördinatie nagaan vergeleken met proefdieren die geen blauwe bessen aten.

Lunch

Pittige paprikasoep

4 – 6 PERSONEN

Dit heb je nodig

2 tomaten
3 rode paprika's
1 ui
2 tenen knoflook
1 rode chilipeper
1 el tomatenpuree
0,75 liter kippen-
bouillon
Handje verse
basilicum
Olijfolie
Peper en zout

Zo maak je het

Pel en snipper de ui en hak de knoflook fijn. Verwijder de zaadjes uit de chilipeper en hak deze fijn.

Fruit dit aan in wat olijfolie.

Voeg de tomatenpuree toe en verhit kort.

Was de tomaten en de paprika's en snijd deze in stukken. Voeg bij de uien.

Voeg de bouillon toe en laat het mengsel ongeveer 15 - 20 minuten zachtjes koken.

Pureer de soep glad met een staafmixer.

Breng de soep verder op smaak met wat peper en zout.

Garneer de soep met verse basilicum.

Tomaten en rode paprika's bevatten talloze gezonde stoffen zoals beta-carotenoïden. Het opwarmen van tomaten zorgt ervoor dat deze stoffen nog beter door het lichaam opgenomen worden. Tomaten kunnen het risico op sommige kankers verminderen (zoals prostaatkanker) en zorgen voor een gezonde, mooie huid.

Tip

Wil je de soep een Marokkaans tintje geven? Voeg dan ras el hanout toe, een lekker specerijenmengsel uit Marokko.

Kruidige linzensoep

4 PERSONEN

Dit heb je nodig

250 gr linzen
3 stengels bleek-
selderij
2 uien
1 teen knoflook
1 winterwortel
2 el tomatenpuree
1 liter kippenbouillon
1 tl komijn
1 tl paprikapoeder
1 tl chiliflakes
Peper en zout
Olijfolie

Zo maak je het

Pel en snipper de ui en hak de knoflook fijn. Fruit dit aan in wat olijfolie.

Voeg de tomatenpuree toe en verhit het kort.

Voeg de komijn, het paprikapoeder en de chiliflakes toe en bak deze kort mee.

Voeg nu de warme bouillon toe en meng het geheel door elkaar.

Was de linzen en voeg deze bij de bouillon.

Was de bleekselderij en snijd in stukjes. Schil de winterwortel en snijd in plakjes. Voeg de groente bij de soep.

Laat de soep in ongeveer 25 tot 30 minuten op een zacht vuur gaarkoken. De soep is klaar als de linzen zacht zijn.

Breng de soep op smaak met wat peper en zout.

Olijfolie vermindert ontsteking. Vier lepels olijfolie per dag remt ontstekingen in het lichaam even goed af als 10 procent van de krachtige ontstekingsremmer ibuprofen. Olijfolie bevat ook stoffen zoals oleocanthal die hersenveroudering afremmen.

Tip

Wil je een
meer
gebonden soep?
Voeg dan op het
laatste moment een
scheutje sojaroom toe.

Heldere paddenstoelensoep

4 PERSONEN

Dit heb je nodig

1 liter paddenstoelen-
bouillon
150 gr kastanjecham-
pignons
150 gr shiitake
150 gr oesterzwam-
men
50 gr kleine kastanjechampignons
1 ui
1 teen knoflook
2 tl tijm
Peper en zout
Olijfolie

Zo maak je het

Borstel de paddenstoelen schoon met een borsteltje of een stukje keukenpapier en snijd ze in stukken. Snijd de paddenstoelen niet te klein.

Pel en snipper de ui. Hak de knoflook fijn en fruit samen met de ui aan in wat olijfolie.

Voeg de paddenstoelen en de gedroogde tijm toe en bak deze in 5 minuten rondom bruin.

Verwarm de bouillon in een aparte pan.

Voeg op het laatst de gebakken paddenstoelen toe.

Breng de soep op smaak met peper en zout.

Volgens een studie bleek dat vrouwen die dagelijks 10 gram padden-stoelen aten 64 procent minder kans op borstkanker hadden vergeleken met vrouwen die geen paddenstoelen aten. Als de vrouwen daarbij nog eens dagelijks groene thee dronken, dan verminderde hun kans op borstkanker met 89 procent.

Tip

Voeg op
het laatst wat
gerookte zalm
toe voor de
finishing touch.

Koude komkommersoep

4 PERSONEN

Dit heb je nodig

1 komkommer
1 sjalotje
1 avocado
1 teen knoflook
1 limoen
400 ml afgekoelde kippenbouillon
Handje bieslook
2 takjes munt
Peper en zout

Zo maak je het

Pel het sjalotje en de knoflook.

Snijd de avocado doormidden en verwijder de pit. Haal het vruchtvlees eruit met een lepel.

Meng in een keukenmachine de komkommer met het sjalotje, de avocado, de teen knoflook, het sap van de limoen en de koude bouillon tot een gladde massa.

Breng de soep op smaak met peper en zout.

Garneer de soep met vers gehakte bieslook en munt.

Broccolisoep met groenekruidenolie

4 PERSONEN

Dit heb je nodig

500 gr broccoli
1 ui
1 teen knoflook
1 blaadje laurier
1 liter groentebouillon
Handje peterselie
Handje bieslook
Handje basilicum
2 takjes munt
30 gr Parmezaanse kaas
Scheutje soja-kookroom
Peper en zout
Olijfolie

Zo maak je het

Snipper de ui en hak de knoflook fijn.

Fruit de ui en de knoflook aan in wat olijfolie in een grote pan. Was de broccoli en snijd deze in gelijke stukken van ongeveer 3 cm.

Voeg de broccoli bij de uien en voeg de bouillon toe.

Voeg het blaadje laurier toe en laat de soep in ongeveer 15 minuten gaar worden.

Meng in een keukenmachine de groene kruiden fijn. Voeg ongeveer 6 el olijfolie bij de kruiden en roer er een gladde dressing van.

Verwijder het blaadje laurier. Pureer de soep glad met een staafmixer en voeg een scheutje kookroom toe.

Breng de soep verder op smaak met wat peper en zout.

Giet de soep in de borden en garneer met wat Parmezaanse kaas.

Verdeel er tot slot nog wat kruidenolie overheen.

Broccoli bevat stoffen die beschermen tegen kanker. Vrouwen die minstens 1 kilo broccoli per maand eten, hebben 40 procent minder kans op borstkanker vergeleken met vrouwen die minder dan 350 gram broccoli per maand eten.

Greenbeansalade

4 PERSONEN

Dit heb je nodig

400 gr tuinbonen
200 gr erwten
300 gr peultjes
3 el olijfolie
Sap van een **½** citroen
1 teen knoflook
2 takjes munt
30 gr Parmezaanse kaas
Peper en zout

Zo maak je het

Kook de tuinbonen, de erwten en de peultjes in ongeveer 6 minuten gaar in ruim water met zout.

Spoel de bonen daarna af onder de koude kraan.

De tuinboontjes hebben een extra schilletje. Verwijder deze voorzichtig met je vingers.

Doe alle bonen in een schaal.

Maak een dressing van de olijfolie en het citroensap. Hak de knoflook fijn en snijd de munt in reepjes. Voeg dit bij de dressing. Breng de dressing op smaak met wat peper en zout.

Meng de dressing door de salade en garneer de salade met Parmezaanse kaas en wat extra munt.

Peulvruchten (erwten, bonen, linzen) zijn uitstekende vervangers voor aardappelen, pasta of rijst. Een studie toonde aan dat personen die rijst vervangen door peulvruchten 35 procent minder kans hebben op het metaboolsyndroom. Het metaboolsyndroom kenmerkt zich door een te hoge bloeddruk, ongezonde vetten in het bloed, een te grote buikomtrek en een ontregelde bloedsuikerspiegel.

Sinaasappel-venkelsalade

4 PERSONEN

Dit heb je nodig

1 venkelknol
2 sinaasappels
2 gekookte bietjes
1 rode ui
2 el olijfolie
Peper en zout

Zo maak je het

Snijd de venkelknol doormidden en verwijder de harde kern.

Snijd de venkel in reepjes en doe deze in een kom.

Schil de sinaasappels en snijd deze in plakjes. Pel de ui en snijd deze in ringen. Voeg dit bij de venkel.

Meng alles door elkaar en voeg 2 el olijfolie toe. Breng de salade op smaak met wat peper en zout.

Snijd de bieten in dunne plakjes.

Verdeel de bieten, sinaasappel, venkel en rode ui om en om op het bord.

Garneer de salade met wat venkelgroen.

Spinaziesalade
met verse vijgen

4 PERSONEN

Dit heb je nodig

180 gr verse spinazie
4 verse vijgen
80 gr zongedroogde
tomaatjes
1 rode ui
60 gr geitenkaas
20 gr pecannoten
1 el frambozenazijn
3 el olijfolie

Zo maak je het

Was de spinazie en laat goed uitlekken.

Meng de frambozenazijn en de olijfolie met de spinazie en
verdeel de spinazie over de borden.

Was de vijgen en snijd ze in partjes. Leg de vijgen op de spinazie.
Snijd de rode ui in ringen en de zongedroogde tomaten in
reepjes en verdeel deze over de salade.

Verkruimel de geitenkaas over de salade.

Rooster de pecannoten kort in een droge koekenpan en garneer
de salade met de noten.

Oosterse kipsalade

4 PERSONEN

Dit heb je nodig

2 struikjes little gem
3 kipfilets
200 gr wortelen
100 gr taugé (soja-
scheuten)
3 lente-uitjes
30 gr cashewnoten
½ liter kippen-
bouillon

Dressing

1 el sojasaus
Sap van een **½** limoen
2 el sesamolie
½ chilipeper

Zo maak je het

Breng de bouillon aan de kook en zet het vuur meteen lager, zodat de bouillon net tegen de kook aan hangt.

Pocheer de kip in ongeveer 10 tot 12 minuten gaar in de bouillon.

De kip is gaar als deze helemaal wit geworden is.

Snijd de kipfilet in plakjes en leg deze op het bord.

Maak een dressing van de sojasaus, het limoensap en de sesamolie. Verwijder de zaadjes van de chilipeper en snijd deze in dunne plakjes. Voeg dit bij de dressing.

Was de little gem en snijd deze doormidden, leg de slahelften op een bord. Besprenkel de sla met een beetje dressing.

Giet kokend water op de taugé, giet af en leg de taugé daarna in ijswater.

Snijd de wortelen in dunne reepjes en meng deze met de taugé.

Snijd de lente-ui in ringetjes en voeg dit bij de taugé. Breng de salade op smaak met de dressing.

Verdeel de taugésalade over het bord en garneer met de cashewnoten.

Salade niçoise

4 PERSONEN

Dit heb je nodig

2 moten verse tonijn
400 gr sperziebonen
1 rode ui
2 romatomaten
80 gr zwarte olijven
4 eieren
3 el knoflookolie (zie recept op pagina 201)
Peper en zout
Olijfolie

Zo maak je het

Snijd de puntjes van de sperziebonen, was ze en kook ze in ongeveer 6 minuten gaar in water met zout.

Doe de sperziebonen in een schaal.

Snijd de tomaten in partjes en de rode ui in halve ringen, voeg dit bij de sperziebonen.

Voeg 3 el knoflookolie en wat peper en zout toe en hussel het geheel door elkaar.

Kook de eitjes ongeveer 6 minuten, zodat de dooier nog een beetje zacht vanbinnen is. Pel de eieren en snijd ze doormidden.

Laat een koekenpan goed heet worden. Bestrijk de tonijnmoot met wat olijfolie en breng deze op smaak met peper en zout. Bak de tonijn in ongeveer 1 minuut per kant goudbruin. Het is de bedoeling dat de tonijn nog rauw vanbinnen is en een gebakken randje vanbuiten heeft.

Snijd de tonijn in plakjes.

Verdeel de sperziebonensalade op het bord, leg hierop de plakjes tonijn.

Leg de partjes ei bij de salade en garneer de salade met de zwarte olijven.

Frittata met paddenstoelen

4 PERSONEN

Dit heb je nodig

200 gr gemengde paddenstoelen (shiitake, oesterzwam, kastanjechampignons)
1 ui
1 teen knoflook
4 eieren
50 gr zachte geiten-kaas
125 ml sojakookroom
1 tl tijm
Peper en zout
1 takje peterselie
Olijfolie

Zo maak je het

Snipper de ui en hak de knoflook fijn. Fruit deze op een zacht vuur aan in een pan met wat olijfolie.

Boen de paddenstoelen schoon met een keukenpapiertje en snijd ze in stukjes.

Voeg de paddenstoelen bij de ui en bak ze kort mee.

Breng de vulling op smaak met de tijm en wat peper en zout.

Klop in een kom de eieren en de sojaroom luchtig.

Voeg wat peper en zout aan het eimengsel toe.

Giet het eimengsel op de paddenstoelen.

Verkruimel de geitenkaas over de paddenstoelen en laat de frittata in ongeveer 15 minuten gaar worden.

Laat de frittata op een bord glijden en keer hem voorzichtig om in de pan.

Laat de onderkant in 5 minuten garen.

Garneer met wat verse peterselie en serveer de frittata warm of koud.

Artsen in Japan gebruiken paddenstoelen als extra behandeling bij kanker. Paddenstoelen bevatten immers stoffen die het immuunsysteem stimuleren. Hierdoor kan het immuunsysteem beter kankercellen opruimen.

Tip

Je kunt de tomatenpassata ook zelf maken door 4 verse tomaten te verhitten en glad te pureren met een staafmixer.

Portobello-pizza

4 PERSONEN

Dit heb je nodig

4 portobello's
100 ml tomaten-passata
2 tomaten
1 rode ui
1 bol buffelmozzarella
1 tl oregano
Takje verse basilicum
Peper en zout
Olijfolie

Zo maak je het

Verwarm de oven voor op 180 graden.

Snijd de tomaten in dunne plakjes en de rode ui in halve ringen.

Snijd de buffelmozzarella in dunne plakjes.

Breng de tomatenpassata op smaak met peper en zout en de oregano.

Boen de portobello's schoon met een keukenpapiertje en verwijder het steeltje.

Verdeel de tomatensaus over de bodem van de portobello.

Leg hierop de plakjes tomaat en een paar schijfjes rode ui.

Verdeel de mozzarella over de portobello's en besprenkel ze met wat olijfolie.

Bak de portobello's in ongeveer 15 minuten af op 180 graden.

Garneer de gevulde portobello's met de verse basilicum.

Tip

In plaats
van krab kun
je ook rauwe
tonijn of zalm
gebruiken.

Sushi maar dan anders

4 PERSONEN

Dit heb je nodig

4 norivellen
200 gr voorgekookte quinoa
8 krabsticks
1 avocado
½ komkommer
4 tl wasabi
1 el rijstazijn

Materialen

Rolmatje

Zo maak je het

Leg de quinoa in een kom en giet er kokend water op, tot 1 cm boven de quinoa.

Sluit de kom af met een deksel en laat de quinoa ongeveer 8 minuten wellen.

Roer het door elkaar met een vork en meng de rijstazijn door de quinoa. Laat het vervolgens afkoelen.

Snijd de komkommer eerst door de helft en vervolgens in 4 dunne repen ter lengte van de lange kant van het norivel.

Snijd de avocado doormidden en verwijder de pit. Schil de avocado en snijd deze in dunne repen.

Leg het norivel op het rolmatje.

Verdeel een kwart van de quinoa over het norivel. Maak een laag van ongeveer ½ cm dik en houd aan het uiteinde 1 cm vrij. Dit wordt je plakrand.

Verdeel 1 tl wasabipasta over de quinoa.

Leg 2 krabsticks over de lengte van het norivel. Leg de komkommer en de avocado ernaast.

Rol de sushi nu voorzichtig op met behulp van het rolmatje.

Maak de vrijgebleven rand een beetje nat met water en plak de rol dicht.

Druk de rol stevig aan en leg de sushi tot gebruik in de koelkast.

Snijd de sushi voor het serveren doormidden.

Serveer de sushi met sojasaus.

Tip

Lukt het niet om de eieren te pocheren? Bekleed een klein bakje met huishoud- folie, breek het eitje daar- in. Knoop de folie aan de bovenkant dicht en gaar de eitjes hierin in het water.

Groene asperges met een gepocheerd eitje

4 PERSONEN

Dit heb je nodig

200 gr groene asperges
1 teen knoflook
200 gr gerookte zalm
4 eieren
Scheutje azijn
Peper en zout
Olijfolie

Zo maak je het

Was de asperges en snijd het uiteinde eraf.

Hak de knoflook fijn en voeg deze samen met de asperges in een pan met wat olijfolie.

Bak de asperges in ongeveer 5 minuten rondom aan.

Zet een pan water op het vuur met een scheutje azijn en wat zout.

Maak met een garde een draaikolk in het water en breek het eitje daarin. Pocheer het eitje in ongeveer 3 minuten gaar. Haal het ei met een schuimspaan uit de pan.

Pocheer de eieren één voor één.

Leg de asperges op een bord en verdeel de gerookte zalm erover.

Leg het gepocheerde eitje op de zalm en breng het op smaak met wat peper en zout.

Een studie waaraan 681 tweelingen deelnamen toonde aan dat personen die voldoende vette vis eten 45 procent minder kans hebben op maculaire degeneratie, een oogziekte die vooral voorkomt bij ouderen en veroorzaakt wordt door veroudering van de oogcellen.

Tip

Deze koekjes zijn ook erg lekker met courgette en handig om mee te nemen naar je werk.

Broccolikoekjes

8 STUKS

Dit heb je nodig

½ broccoli
1 ui
½ rode peper
1 teen knoflook
2 eieren
1 el quinoameel
60 gr geraspte belegen kaas
60 ml sojamelk
Zout
Olijfolie

Zo maak je het

Was de broccoli en snijd deze in stukjes. Kook de broccoli beetgaar in water met zout.

Laat de broccoli afkoelen en hak deze fijn met een mes.

Pel en snipper de ui en hak de knoflook fijn.

Verwijder de zaadjes uit de rode peper en hak deze fijn.

Maak een beslag van de eieren, de melk, het quinoameel en een snuf zout.

Voeg de ui, de knoflook en de peper toe.

Voeg de broccoli en de kaas toe en meng het geheel goed door elkaar.

Verhit wat olijfolie in een koekenpan.

Verdeel 3 hoopjes van het beslag in de pan en bak de koekjes in ongeveer 2 minuten per kant goudbruin.

Serveer de broccolikoekjes warm of koud.

Voorgerechten

Gevulde avocado

4 PERSONEN

Dit heb je nodig

2 avocado's
2 lente-uitjes
Stukje komkommer van 7 cm
100 gr gepelde Hollandse garnalen
1 el mayonaise
3 takjes dille
Sap van een **¼** citroen
Peper en zout

Zo maak je het

Snijd de avocado's doormidden en verwijder de pit.

Snijd de avocado's kruislings in met een mes, maak hierbij de bodem niet kapot.

Lepel de blokjes avocado uit de schil en leg de schil apart. Snijd de komkommer in kleine blokjes van ½ cm en snijd de lente-ui in ringen.

Voeg dit samen met de garnalen bij de avocadoblokjes. Maak een sausje van de mayonaise, het citroensap en de gehakte dille. Breng dit op smaak met wat peper en zout.

Meng de saus voorzichtig door het avocado-garnalenmengsel.

Verdeel de vulling over de lege avocadoschillen en garneer met een takje dille.

Voorgerechten kun je 's avonds ook als een lichte maaltijd gebruiken. 's Avonds kun je immers het best een zo licht mogelijke maaltijd eten, zoals een voorgerecht, een dikke soep of wat groente met vlees. Op deze manier val je haast vanzelf af.

Tip

Is het geen haringsei-
zoen? Dan kun
je ook rauwe zalm
of tonijn gebruiken.

Haringtartaar

4 PERSONEN

Dit heb je nodig

6 haringen
1 klein uitje
½ zure appel
1 stengel bleekselderij
6 augurkjes
Sap van een **½** citroen
Handje dille
1 el mayonaise
Peper en zout

Zo maak je het

Pel en snipper de ui en doe in een kom.

Was de bleekselderij en snijd deze samen met de augurken in kleine blokjes.

Verwijder het klokhuis van de appel en snijd deze in kleine blokjes.

Meng alles door elkaar.

Snijd de haringen in blokjes en voeg die bij de massa.

Hak de dille fijn en voeg dit samen met de mayonaise en het citroensap bij de haring.

Meng alles goed door elkaar en breng de tartaar op smaak met peper en zout.

Leg een kookring op een bord en verdeel wat van de tartaar in de ring.

Druk het goed aan en serveer de tartaar koud.

Ook haring bevat heel wat omega 3-vetzuren. Zwangere vrouwen die voldoende vis aten tijdens de zwangerschap kregen kinderen met gemiddeld een hoger IQ.

Tip

Geen
bundelzwam-
men te vinden?
Geen probleem, je
kunt elke paddenstoel
gebruiken die je
lekker vindt.

Gebakken paddenstoelen

4 PERSONEN

Dit heb je nodig

150 gr kastanjecham-
pignons
150 gr shiitake
200 gr oester-
zwammen
100 gr bundel-
zwammen
2 sjalotjes
2 tenen knoflook
100 ml sojaroom
Handje peterselie
Peper en zout
Olijfolie

Zo maak je het

Borstel de paddenstoelen schoon met een borsteltje of een stukje keukenpapier. Snijd de paddenstoelen in stukken, snijd ze niet te klein.

Pel en snipper de sjalotjes. Hak de knoflook fijn en fruit dit samen met de sjalotjes in wat olijfolie.

Voeg de paddenstoelen toe en bak deze in 5 minuten rondom aan.

Giet de room bij de paddenstoelen en verhit het nog even kort.

Haal de pan van het vuur en breng de paddenstoelen op smaak met wat peper en zout.

Garneer met vers gehakte peterselie.

Paddenstoelen bevatten stoffen zoals lange-keten-poly-sachariden die het immuunsysteem stimuleren. Hierdoor kan het immuunsysteem beter kankercellen opruimen, wat het antikankereffect van paddenstoelen kan verklaren.

Tip

Je kunt
ook ceviche
maken van
zeeduivel of
zeebaars.

Ceviche van zalm

4 PERSONEN

Dit heb je nodig

200 gr Schotse zalm
Sap van **2** limoenen
½ rode peper
3 lente-uitjes
Handje dille
Zout
Olijfolie

Zo maak je het

Snijd de zalm met een scherp mes in heel dunne plakjes.

Leg de zalm op een schaal.

Pers de limoenen uit en hak het pepertje fijn. Voeg een scheutje olijfolie bij het limoensap en een snuf zout.

Giet het mengsel over de zalm en laat het een halfuur marineren.

Snijd de lente-ui in ringen en hak de dille fijn.

Serveer de ceviche met de lente-ui en de dille.

Gegrilde vijgen

4 PERSONEN

Dit heb je nodig

4 verse vijgen
120 gr zachte geiten-kaas
100 ml balsamicoazijn

Zo maak je het

Verwarm de oven voor op 180 graden.

Was de vijgen en snijd ze kruislings in. Snijd niet helemaal tot de bodem.

Verdeel de geitenkaas over de vijgen.

Zet de vijgen in een ovenschaal en bak ze in 10 minuten af, totdat de vijgen en de kaas zacht geworden zijn.

Giet de balsamicoazijn in een pannetje en laat in ongeveer 5 tot 8 minuten inkoken tot een stroop. Let erop dat je het niet te lang laat koken, want dan kan het verbranden.

Verdeel de stroop over de vijgen. Serveer ze warm.

Vijgen kun je ook rauw of gedroogd eten. Gedroogde vijgen zijn verkrijgbaar in de supermarkt en kunnen dienen als uitstekende gezonde vieruurtjes. Gedroogd fruit bevat kalium, flavonoïden en andere stoffen die goed zijn voor het hart en de bloedvaten. Je kunt dit combineren met noten, die ook gezond zijn voor het hart.

Veggie tower

4 PERSONEN

Dit heb je nodig

2 grote tomaten
½ courgette
½ aubergine
1 bol mozzarella
8 tl pesto (zie recept op pagina 193)
20 gr pijnboompitten
1 teen knoflook
1 tl oregano
6 el olijfolie
4 takjes basilicum
Peper en zout

Zo maak je het

Hak de knoflook fijn en voeg deze bij de olijfolie. Voeg de oregano toe en breng de olie op smaak met wat peper en zout.

Snijd de tomaten en de mozzarella in dunne plakken en leg deze apart.

Snijd de aubergine en de courgette in dunne plakken en bestrijk deze met de kruidenolie.

Laat een grillpan goed heet worden en gril de aubergine en de courgette in ongeveer 2 minuten aan weerszijden goudbruin.

Rooster de pijnboompitten in een droge koekenpan goudbruin.

Zet het vuur niet te hoog, want dit gaat heel snel.

Leg een plakje tomaat op een bord, leg daarop achtereenvolgens een plakje aubergine, courgette en mozzarella. Verdeel een klein lepeltje pesto over de mozzarella.

Herhaal de voorgaande stappen en eindig met een plakje tomaat.

Garneer het groentetorentje met een takje basilicum en de geroosterde pijnboompitten.

Serveer de veggie tower koud of warm.

Mediterrane courgetterolletjes

4 PERSONEN

Dit heb je nodig

1 courgette
50 gr veldsla
6 zongedroogde tomaatjes
8 zwarte olijven
75 gr fetakaas
1 teen knoflook
Sap van een **½** citroen
4 el olijfolie

Zo maak je het

Snijd de courgette in 8 gelijke plakken van ongeveer 3 mm dik. Je kunt dit het beste met een mandoline of kaasschaaf doen.

Hak de knoflook fijn en voeg dit bij de olijfolie. Voeg hier het sap van een halve citroen aan toe.

Laat een grillpan goed heet worden. Bestrijk de courgetteplakken met de knoflookolie en gril ze in ongeveer 1½ minuut per kant goudbruin.

Laat de courgettes uitlekken op een keukenpapiertje.

Verkruimel de feta in een schaaltje.

Hak de zongedroogde tomaatjes en de olijven fijn en meng dit door de feta.

Leg een lepeltje van de vulling op het uiteinde van een courgetteplak.

Rol het voorzichtig op en steek er een prikkertje in.

Breng de sla op smaak met de overgebleven kruidenolie.

Serveer de courgetterolletjes met de salade.

Mensen die aten volgens een mediterraans voedingspatroon (veel groente, fruit, gezonde oliën, wit vlees en vis), hadden 70 procent minder kans op een hartaanval vergeleken met mensen die het officiële vetarme dieet volgden van de American Heart Association. Kortom, officiële voedingsaanbevelingen kunnen vaak veel gezonder.

Tip

Je kunt
ook gepelde
gamba's
gebruiken.

Duivelse garnalen

4 PERSONEN

Dit heb je nodig

12 grote gamba's
1 teen knoflook
1 rode peper
Sap van een **½** citroen
Handje peterselie
Handje dille
Zout
Olijfolie

Zo maak je het

Hak de knoflook en de peper fijn.

Zet een pan op het vuur met wat olijfolie en voeg de peper en de knoflook toe.

Bak de gamba's in ongeveer 5 minuten gaar in de olie, totdat ze oranje van kleur zijn.

Knijp een halve citroen uit over de gamba's.

Breng de garnalen op smaak met wat zout en gehakte peterselie en dille.

Serveer met een bakje water met citroen voor de handen.

Bietencarpaccio

4 PERSONEN

Dit heb je nodig

2 gekookte bieten
50 gr rucola
2 handperen
50 gr blauwe kaas
20 gr walnoten
1 el wittewijnazijn
3 el walnootolie

Zo maak je het

Snijd de bieten in heel dunne plakjes met een mandoline of kaasschaaf. Leg de plakjes biet op een bord.

Laat een grillpan heet worden. Snijd de peren in partjes en verwijder het klokhuis. Gril de partjes peer aan weerszijden goudbruin in de pan.

Maak een dressing van de azijn en de olie. Meng de dressing door de rucola.

Verdeel wat van de rucola over de bietenplakjes.
Leg hierop de partjes peer.

Verkruimel de blauwe kaas over de bieten en garneer de carpaccio met de walnoten.

Uit een studie met 120.000 proefpersonen bleek dat vrouwen die een handvol walnoten per dag aten, 45 procent minder kans hadden op een hartaanval.

Artisjok met mosterdvinaigrette

4 PERSONEN

Dit heb je nodig

2 artisjokken
2 tl pittige mosterd
½ citroen
2 el witte balsami-coazijn
6 el olijfolie
1 druppel vloeibare stevia
Peper en zout

Zo maak je het

Snijd de steel van de artisjokken en verwijder de buitenste bladeren. Wrijf de onderkant van de artisjokken in met citroensap.

Kook de artisjokken in ongeveer 30 minuten gaar in ruim water met zout en het sap van een halve citroen.

Zorg dat de artisjokken continu onder water staan.

De artisjokken zijn gaar als je de bodem gemakkelijk in kunt prikken met een mes.

Laat de artisjokken uitlekken en leg ze op een schaal.

Klop de mosterd met de balsamicoazijn, de stevia en de olijfolie tot een gladde dressing. Breng de dressing op smaak met peper en zout.

Je kunt alle blaadjes van de artisjok eten, behalve de binnenste kleine blaadjes. Deze lijken op rozenblaadjes.

Verwijder het hooi met een lepel en snijd de bodem in stukjes.

Dit is het lekkerste gedeelte van de artisjok.

Serveer de artisjok met de vinaigrette.

Gezonde oliën om mee te koken zijn olijfolie, koolzaadolie of – nog beter – advocado-olie. Wissel bij voorkeur deze oliën af.

'S MORGENS VEEL, 'S AVONDS WEINIG

's Avonds kun je het best een zo licht mogelijke maaltijd eten, zoals een dikke soep of wat groente met licht vlees. Op deze manier val je haast vanzelf af. Daarentegen is het ontbijt de belangrijkste maaltijd van de dag. 's Morgens dien je te eten als een koning, 's middags als een prins en 's avonds als een bedelaar.

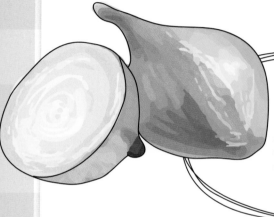

UIEN

Mensen die minstens een halve ui per dag eten, hadden 50 procent minder risico op maagkanker, volgens een studie. Uien bevatten allerlei licht toxische stoffen, die echter gezond zijn omdat ze de cellen in ons lichaam aanzetten om zich beter te beschermen.

MAGNESIUM

Personen die veel magnesiumrijke voeding eten, hebben 50 procent minder kans op een hartaanval. Magnesium is een belangrijke stof, die het energiemetabolisme van het lichaam beter laat draaien. Welke voeding bevat veel magnesium? Dit zijn vooral groene bladgroenten zoals kool, salade en spinazie. Maar ook peulvruchten (erwten, bonen, linzen) en noten bevatten veel magnesium. Ideaal is om de magnesium via voeding binnen te krijgen, omdat je zo nog veel andere gezonde stoffen inneemt en omdat de magnesium via voeding veel beter wordt opgenomen dan via supplementen. Bovendien kunnen magnesiumsupplementen maag- en darmlast geven.

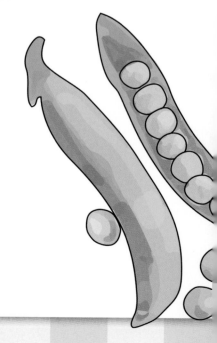

PADDENSTOELEN

Er bestaan verschillende soorten paddenstoelen, zodat er voor ieders smaak wel een variëteit bestaat: van champignon en oesterzwam tot shiitake, portobello en enokitake. Vooral oesterzwammen staan bekend om hun antikankereffect.

LEEFSTIJL

90 procent van het risico op een hartaanval heeft te maken met een ongezonde leefstijl. Dit was de conclusie van de interheart-studie, een grote cardiologische studie die 30.000 mensen onderzocht. Enkele voorbeelden van deze risicofactoren op een hartaanval waren: ongezonde voeding, overgewicht, roken, te weinig lichaamsbeweging, stress en depressie.

VLEES

Probeer rood vlees (rund, schaap, varken) meer te vervangen door wit vlees (gevogelte zoals kip of kalkoen) of vette vis. Te veel rood vlees is niet gezond. Per consumptie rood vlees dat iemand dagelijks eet, stijgt het risico op een hartaanval met 20 procent volgens een studie met 120.000 proefpersonen.

Hoofdgerechten

Linzen met geroosterde groente

4 PERSONEN

Dit heb je nodig

½ pompoen
1 pastinaak
2 rode uien
1 winterwortel
100 gr kastanjecham-
pignons
2 tenen knoflook
250 gr linzen
½ liter bouillon
1 tl oregano
1 tl tijm
Peper en zout
Olijfolie

Zo maak je het

Verwarm de oven voor op 180 graden.

Schil de pompoen en snijd deze in plakken van ongeveer ½ cm dikte.

Pel de uien en snijd deze in vieren.

Boen de champignons schoon met een keukenpapiertje en verwijder het uiteinde van het steeltje.

Schil de wortel en de pastinaak en snijd deze in repen van ongeveer ½ cm dikte.

Verdeel alle groente over een ovenschaal.

Kneus de knoflooktenen met de platte kant van je mes en verdeel ze tussen de groente.

Besprenkel de groente royaal met olijfolie en breng ze op smaak met de tijm, de oregano en peper en zout.

Rooster de groente in ongeveer 30 minuten gaar in de oven. Hussel het tussentijds even door elkaar.

Was de linzen en kook deze in ongeveer 30 minuten gaar in de bouillon.

Serveer de linzen met de geroosterde groenten.

Aardappelen, pasta en rijst vervangen door peulvruchten zoals linzen en bonen vermindert de kans op een hartaan-val. Peulvruchten veroorzaken minder hoge suikerpieken in je bloed, wat de bloedvaten minder snel doet verouderen.

Tip

Zonder maïs is dit gerecht nog gezonder, omdat maïs veel zetmeel bevat.

Mexicaanse schotel

4 PERSONEN

Dit heb je nodig

300 gr voorgekookte quinoa
150 gr kerstomaatjes
1 rode ui
200 gr kidneybonen
75 gr maïs
1 avocado
Handje koriander
Sap van een **½** limoen
3 el olijfolie
Peper en zout

Zo maak je het

Leg de quinoa in een kom en giet er kokend water op, tot 1 cm boven de quinoa.

Sluit de kom af met een deksel en laat de quinoa ongeveer 8 minuten wellen.

Was de kidneybonen en voeg deze samen met de uitgelekte maïs bij de quinoa.

Snijd de tomaatjes doormidden en de rode ui in halve ringen, voeg dit bij de quinoa.

Snijd de avocado doormidden en verwijder de pit. Schep het vruchtvlees uit de avocado en verdeel dit over de massa.

Maak een dressing van het limoensap en de olijfolie en breng deze op smaak met wat peper en zout.

Meng dit door de quinoa.

Garneer de Mexicaanse schotel met verse koriander.

Zalm in sojamarinade

4 PERSONEN

Dit heb je nodig

4 zalmfilets
1 paksoi
100 gr peultjes
1 rode paprika
100 gr kastanje-
champignons
50 gr taugé
1 teen knoflook
½ chilipeper
1 el sojasaus
1 el sesamolie
Zonnebloemolie

Marinade

Sap van een ½ citroen
4 el sojasaus
Stukje verse gember
van 1 cm
1 teen knoflook
6 el olijfolie
Peper

Zo maak je het

Voor de marinade meng je het citroensap met de sojasaus en de olijfolie.

Hak de gember en de knoflook fijn en meng dit door de marinade.

Breng de marinade op smaak met wat peper en leg de moten zalm hierin.

Laat de zalm minimaal een uurtje marineren, maar het liefst een nacht.

Was de groentes. Snijd de paksoi in stukken, de paprika in reepjes, de champignons in plakjes en hak de knoflook en de rode peper fijn.

Laat een grillpan heet worden en zet een wok op het vuur.

Gril de zalmfilets in ongeveer 3 minuten per kant gaar. Je hoeft geen extra olie toe te voegen, omdat deze in de marinade verwerkt is. De zalm is het lekkerst als deze vanbinnen nog een beetje rosé is.

Verdeel wat olijfolie in de wok en bak de knoflook en de rode peper aan. Voeg daarna de paprika, de peultjes en de champignons toe.

Bak deze kort aan en voeg dan de paksoi en de taugé toe en bak nog even kort mee.

Breng de groentes nog wat op smaak met een scheutje sojasaus en sesamolie.

Serveer de zalm met de wokgroentes.

Tip

Je kunt dit ook in de oven bereiden. Bak de pakketjes in 15 minuten gaar op 180 graden.

Kabeljauw en papillotte

4 PERSONEN

Dit heb je nodig

4 kabeljauwfilets
80 gr verse spinazie
1 rode ui
4 tenen knoflook
100 gr kerstomaatjes
1 citroen
4 takjes rozemarijn
4 takjes tijm
Peper en zout
Olijfolie

Materialen

4 vellen bakpapier

Zo maak je het

Leg op elk vel bakpapier een handje spinazie.

Kruid de kabeljauwfilets met peper en zout en leg ze op de spinazie.

Snijd de rode ui in halve ringen en leg deze bij de vis.

Verdeel wat tomaatjes over de vis.

Plet de knoflookteen met de platte kant van je mes en leg de knoflook samen met een takje rozemarijn en tijm in het pakketje.

Snijd de citroen in plakjes en leg een plakje op elke vis.

Besprenkel het geheel met olijfolie.

Vouw de pakketjes nu goed dicht. Haal beide flappen van het bakpapier omhoog en rol het als het ware dicht. Doe dit ook met de zijkanten, het pakketje moet helemaal gesloten zijn.

Zet een grote koekenpan op een zacht vuur en leg de pakketjes in de droge pan.

Stoom de vis in ongeveer 15 minuten gaar. De stoomtijd is afhankelijk van de grootte van je vis.

De vis is klaar als deze wit maar glazig is.

Serveer het pakketje in zijn geheel met een lekkere frisse salade erbij.

Tip

Gebruik voor een extra leuk plaatje op het bord een mengeling van ge- kleurde wortelen.

Spiesen met gestoofde wortelen

4 PERSONEN

Dit heb je nodig

500 gr wortelen
180 ml water
400 gr tofoe
1 teen knoflook
1 cm gemberwortel
2 el ketjap
1 tl komijn
Peper en zout
Olijfolie

Materialen

8 satéprikkers

Zo maak je het

Maak een marinade van 3 el olijfolie en 2 el ketjap. Hak de verse gember en knoflook fijn en voeg dit bij de marinade.

Snijd de tofoe in blokjes van ongeveer 2 x 2 cm en leg ze in de marinade. Laat het minimaal een uur marineren.

Was de wortelen en snijd het loof eraf. Schraap de wortelen schoon met een mes, zodat alle draden verdwenen zijn.

Verdeel wat olijfolie in een grote pan en leg de wortelen erin.

Breng de wortelen op smaak met de komijn en wat peper en zout.

Voeg het water toe. Sluit de pan af met een deksel en laat de wortelen in ongeveer 25 tot 30 minuten op een zacht vuur gaarstoven. Hoe groter de wortelen, hoe langer ze moeten stoven.

Verdeel de tofoeblokjes over 8 spiesen.

Verhit wat olijfolie in een koekenpan en bak de tofoespiesen rondom goudbruin.

Serveer de spiesen met de wortelen.

Groente dient de basis te zijn van onze voeding, en niet brood, aardappelen, pasta of rijst. Groente veroorzaakt lage suikerpieken in de bloedbaan en bevat allerlei stoffen die het verouderingsproces vertragen. Groente vormt dus terecht de basis van de voedselzandloper.

Tip

Wil je een winterse stamppot? Vervang dan de rucola door andijvie!

Zomerstamp met gehaktballetjes

4 PERSONEN

Dit heb je nodig

2 bloemkolen
75 gr rucola
80 gr zongedroogde tomaatjes
Handje bieslook
Peper en zout

Voor de gehakt-balletjes

350 gr kipgehakt
1 teen knoflook
1 tl komijn
1 tl chiliflakes
1 tl oregano
Zout

Zo maak je het

Begin met het draaien van de gehaktballetjes.

Hak de knoflook fijn en voeg dit bij het gehakt. Voeg de komijn, de chili, de oregano en wat zout toe en meng het goed door elkaar.

Draai er gehaktballetjes van ter grootte van een golfbal. Bak de gehaktballetjes op een zacht vuur rondom bruin in wat olijfolie.

Snijd de bloemkool in stukjes en was deze.

Kook de bloemkool in ongeveer 8 minuten beetgaar in ruim water met zout.

Giet de bloemkool af en stamp deze fijn met een stamper.

Snijd de rucola grof en meng door de stamppot.

Snijd de zongedroogde tomaatjes in stukjes en meng deze samen met de gehakte bieslook door de stamp.

Breng het op smaak met wat peper en zout.

Serveer de zomerstamp met de gehaktballetjes.

Tip

Heb je niet zo veel tijd? Je kunt ook kikkererwten uit blik gebruiken, die zijn in 10 minuten klaar.

Kikkererwtencurry

4 PERSONEN

Dit heb je nodig

250 gr kikkererwten
400 ml kokosmelk
2 uien
2 tenen knoflook
300 gr snijbiet
1 groene peper
Stukje gember
van 1 cm
1 tl komijn
1 tl korianderzaad
1½ tl kurkuma
1 tl mosterdzaad
1 tl kerriepoeder
Zout
Olijfolie

Zo maak je het

Was de kikkererwten en laat ze 8 uur weken in ruim water.

Maak met een vijzel of keukenmachine een currypasta van 1 ui, de knoflook, de groene peper (zonder zaadjes), de gember, alle specerijen en een scheutje olijfolie. Zorg dat er een gladde pasta ontstaat.

Pel en snipper de andere ui en fruit deze aan in wat olijfolie.

Voeg de currypasta toe en verhit deze. Door verhitting komen alle smaken vrij.

Voeg nu de kikkererwten en de kokosmelk toe.

Was de snijbiet en snijd de stengels in stukjes, voeg dit bij de curry. Snijd het blad in repen en bewaar dit.

Laat de kikkererwten in ongeveer 35 tot 40 minuten gaarstoven op een zacht vuurtje.

Roer het tussentijds door en voeg eventueel een scheutje water toe, als de saus te veel indikt.

Voeg op het laatst het blad van de snijbiet toe. Meng het kort door elkaar.

Breng de curry verder op smaak met wat peper en zout.

Gember en kurkuma verminderen ontsteking in het lichaam, wat een rol speelt in het ontstaan van kanker en de ziekte van Alzheimer. Knoflook kan de samenklontering van het bloed tegengaan, wat het risico kan verminderen op een hartaanval.

Groentelasagne

4 PERSONEN

Dit heb je nodig

3 courgettes
2 uien
2 tenen knoflook
1 aubergine
1 rode paprika
500 ml tomaten-
passata
2 bollen mozzarella
2 tl Provençaalse
kruiden
Knoflookolie (zie
recept op pagina 201)
Peper en zout
Olijfolie

Zo maak je het

Snijd de courgettes in plakken van ongeveer 3 mm. Het beste kun je hier een mandoline voor gebruiken, maar dit lukt ook met een mes of een kaasschaaf.

Zet een grillpan op het vuur en laat deze goed warm worden.

Bestrijk de courgetteplakken met de knoflookolie en gril ze in ongeveer 1 minuut per kant goudbruin.

Laat de plakken uitlekken op een keukenpapiertje.

Verwarm de oven alvast voor op 180 graden.

Voor de tomatensaus snipper je de ui en hak je de knoflook fijn. Fruit dit aan in wat olijfolie.

Snijd de paprika en de aubergine in blokjes en bak deze kort mee.

Voeg de tomatenpassata toe en breng de saus op smaak met de Provençaalse kruiden en wat peper en zout.

Snijd de mozzarella in plakken.

Neem een ovenschaal en verdeel wat van de saus over de bodem van de schaal.

Leg hierop de courgetteplakken. Verdeel een paar plakjes mozzarella over de courgette en verdeel daarover weer een laagje saus. Herhaal deze stappen totdat de saus op is. Eindig met een laag courgette met daarop een paar plakken mozzarella.

Bak de lasagne in ongeveer 20 minuten af op 180 graden. Laat de lasagne iets afkoelen voor je hem serveert.

Tip

Wil je een
meer winterse
risotto maken?
Voeg dan padden-
stoelen en pompoen
toe in plaats van
asperges.

Citroenrisotto met groene asperges

4 PERSONEN

Dit heb je nodig

300 gr voorgekookte quinoa
1 ui
1 teen knoflook
125 gr groene asperges
1½ citroen
400 ml bouillon
Scheutje witte wijn
40 gr Parmezaanse kaas
Peper en zout
Olijfolie

Zo maak je het

Pel en snipper de ui en fruit deze aan in wat olijfolie totdat hij glazig ziet.

Voeg de quinoa toe en blus af met een scheutje witte wijn.

Voeg nu op een laag vuur beetje bij beetje de bouillon toe, totdat alle bouillon opgenomen is.

Was de citroen, rasp het gele gedeelte van de schil en voeg dit bij de risotto.

Pers de citroen uit en meng het sap door de risotto.

Meng tot slot de Parmezaanse kaas door de risotto.

Was de asperges en snijd een stukje van de uiteindes.
Bak de asperges kort aan in wat olijfolie.

Pers een knoflookteen en een halve citroen uit boven de asperges en breng ze op smaak met wat peper en zout.

Serveer de risotto met de groene asperges.

Tip

Je kunt
deze slawraps
ook met gerook-
te zalm, forel,
makreel of garnalen
maken. Stop erin wat je
lekker vindt.

Slawraps

4 PERSONEN

Dit heb je nodig

1 gerookte kipfilet
4 grote bladeren
ijsbergsla
1 avocado
150 gr worteljulienne
1 rode ui
60 gr maïs
12 zongedroogde
tomaatjes
Sap van een **½** citroen
1 el mayonaise
1 tl kerriepoeder
Peper en zout

Zo maak je het

Doe de worteljulienne in een kom. Voeg daar de maïs aan toe.

Snipper de rode ui en snijd de tomaatjes klein. Snijd de avocado doormidden en verwijder de pit. Snijd het vruchtvlees in blokjes.

Voeg dit bij de worteljulienne.

Snijd de kipfilet in blokjes en voeg deze bij de salade.

Voeg de mayonaise, het citroensap, de kerriepoeder en wat peper en zout toe en meng het geheel goed door elkaar.

Was de slabladeren en verdeel de vulling over het blad.

Rol het eventueel op en snijd het vervolgens doormidden.

Tip

Heb je nog
wat over?
Neem het de
volgende dag
mee naar je werk in
je lunchtrommel.

Lauwwarme salade met makreel

4 PERSONEN

Dit heb je nodig

1 knolselderij (400 gr)
75 gr rucola
8 radijsjes
3 lente-uitjes
2 gerookte makrelen
2 el mayonaise
1 el sojayoghurt
Sap van een **½** citroen
Peper en zout

Zo maak je het

Schil de knolselderij en snijd deze in dunne repen van ongeveer 4 mm dikte.

Kook de knolselderij in 6 minuten beetgaar in water met zout.

Meng de gekookte knolselderij met de rucola.

Was de radijsjes en snijd deze samen met de lente-ui in dunne plakjes, voeg dit bij de salade.

Maak een dressing van de mayonaise, de sojayoghurt en het citroensap en breng deze op smaak met wat peper en zout.

Meng de dressing door de salade.

Maak de makreel schoon en verdeel de vis over de salade.

Vette vis zoals zalm, ansjovis, makreel of haring bevat omega 3-vetzuren. Omega 3-vetzuren zijn goed voor het hart, de hersenen (ze verminderen de kans op een depressie) en remmen ontsteking af. Omega 3-vetzuren kunnen de kans op een hartaanval met 19 tot 45 procent verminderen.

Tip

Je kunt deze pasta ook rauw eten. Meng de pesto door de rauwe courgette en serveer met tomaatjes.

Pasta pesto met geroosterde tomaatjes

4 PERSONEN

Dit heb je nodig

3 courgettes
1 ui
100 gr kerstomaatjes
2 tenen knoflook
4 el pesto (zie het recept op pagina 193)
20 gr pijnboompitten
Peper en zout
Olijfolie

Zo maak je het

Verwarm de oven voor op 180 graden.

Was de tomaatjes en leg ze in een ovenschaal.

Kneus de knoflooktenen met de vlakke kant van je mes. Leg de knoflook bij de tomaten.

Besprenkel de tomaatjes met olijfolie en wat peper en zout.

Rooster de tomaatjes in ongeveer 30 minuten in de oven.

Was de courgettes en schaaf er dunne juliennesliertjes van met een mandoline.

Snipper een uitje en fruit deze aan in wat olijfolie.

Voeg de courgette toe en verhit deze kort.

Voeg de pesto toe en meng het geheel door elkaar.

Rooster de pijnboompitten in een droge koekenpan tot ze goudbruin zijn.

Serveer de courgettepasta met de geroosterde tomaatjes en garneer met de pijnboompitten.

Burgers met friet

4 PERSONEN

Dit heb je nodig

300 gr uitgelekte kikkererwten (uit blik of vers gekoekt)
1 ui
1 teen knoflook
Sap van een **½** citroen
2 el kikkererwtenmeel + extra
Handje peterselie
Handje bieslook
Peper en zout
Olijfolie

Garnering

50 gr sla
Stukje komkommer
2 tomaten
6 augurken

Voor de frieten

500 gr zoete aardappel
1 tl knoflookpoeder
1 tl uienpoeder
1 tl gedroogde bieslook
Zout
Olijfolie

Voor de saus

4 el plantaardige yoghurt
2 el mayonaise
1 teen knoflook
Scheutje citroensap
Handje bieslook
Handje peterselie
Peper en zout

Zo maak je het

Verwarm de oven voor op 200 graden.

Boen de zoete aardappelen schoon onder de kraan, maar schil ze niet.

Snijd de aardappelen in frieten van maximaal 1 cm dikte.

Doe de frieten in een kom en besprenkel ze met olijfolie.

Voeg het uienpoeder, het knoflookpoeder de gedroogde bieslook en wat zout toe en meng het geheel door elkaar.

Verdeel de frieten over een met bakpapier beklede bakplaat en bak ze in 40 minuten krokant.

Hussel het tussentijds door elkaar.

Meng alle ingrediënten (behalve olijfolie) voor de burgers in een keukenmachine tot een stevige massa.

Is het mengsel nog te nat, voeg dan wat extra kikkererwtenmeel toe.

Vorm met natte handen burgers en wentel deze door het kikkererwtenmeel. Klop het overtollige meel eraf.

Bak de burgers in een scheutje olijfolie in ongeveer 6 minuten aan weerszijden goudbruin. Spatel de burgers voorzichtig om, ze zijn erg kwetsbaar.

Hak de knoflook, peterselie en bieslook fijn en meng dit met alle ingrediënten voor de saus.

Snijd de komkommer, de tomaat en de augurken in plakjes.

Verdeel wat sla op een bord, leg daarop een burger, een paar plakjes tomaat, komkommer en een paar augurken.

Serveer de burgers met de friet en de saus.

Tip

Trek in een stevig ontbijt? Maak dan dit pannetje in de ochtend.

Eieren in een pannetje

4 PERSONEN

Dit heb je nodig

4 eieren
1 blik tomatenblokjes
(400 gr)
1 ui
2 tenen knoflook
½ rode peper
1 rode paprika
100 gr witte bonen
100 gr kidneybonen
1 tl komijn
1 tl oregano
Handje peterselie
Zout
Olijfolie

Zo maak je het

Snipper het uitje en hak de knoflook en de rode peper fijn. Fruit dit aan in een grote pan met wat olijfolie.

Was de paprika, verwijder de zaadlijsten en snijd deze in blokjes. Bak de paprika kort mee.

Voeg dan de tomatenblokjes toe.

Was de bonen en voeg deze bij de tomaten.

Breng de tomatensaus op smaak met de komijn, oregano en wat zeezout.

Maak 4 holtes in de saus en breek in elk gat een ei.

Laat de eieren in ongeveer 8 tot 10 minuten zachtjes garen.

Hak de peterselie fijn en verdeel over de eieren.

Serveer het pannetje meteen.

Hoewel zelfs een ei per dag geen verhoogd risico geeft op een hartaanval, zou dit niet gelden voor diabetespatiënten. Mannen ouder dan vijftig die regelmatig eieren eten, kunnen ook een verhoogde kans hebben op prostaatkanker. Kortom, eieren zijn niet ongezond, maar eet er niet te veel van: hoogstens 2 à 3 per week is voldoende.

Tip

Maak extra veel en vries de rest in. Dan heb je altijd een makkelijke maaltijd achter de hand.

Chili sin carne

4 PERSONEN

Dit heb je nodig

2 blikken chilibonen
(400 gr)
2 blikken tomaten-
blokjes (400 gr)
1 klein blikje maïs
(200 gr)
2 uien
1 teen knoflook
1 rode paprika
1 chilipeper
1 tl komijn
1 tl paprikapoeder
Handje koriander
40 gr geraspte kaas
Zout
Olijfolie

Zo maak je het

Pel en snipper de ui en fruit deze aan in wat olijfolie.

Snijd de peper doormidden en verwijder de zaadlijsten. Hak de peper en de knoflook fijn. Voeg dit bij de uien.

Snijd de paprika in blokjes en bak deze kort mee.

Voeg de komijn en het paprikapoeder toe en verhit dit kort.

Voeg nu de chilibonen met vocht, de tomatenblokjes en de uitgelekte maïs toe.

Laat de chili ongeveer een kwartier stoven op een zacht vuurtje.

Garneer de chili met koriander en wat geraspte kaas.

Te veel vlees is niet goed. Vooral rood bewerkt vlees. Een beetje vlees is ideaal, omdat vlees allerlei benodigde stoffen bevat, zoals ijzer, zink of vitamine B12. Toch blijkt geen vlees eten nog altijd heel gezond te zijn: vegetariërs leven gemiddeld 8 jaar langer dan vleeseters, vooral omdat vegetariërs meer groente en vezels nuttigen, en uiteraard geen rood vlees.

LICHT AVONDMAAL

Dikke soepen lenen zich uitstekend voor een licht avondmaal. Hoe lichter je avondmaal, hoe gezonder. Je lichaam hoeft immers minder energie te steken in het verteren van deze maaltijd tijdens de nacht en kan deze energie besteden aan het herstellen van het lichaam. Je hebt ook minder kans op spijsverteringsklachten zoals maagzuuroprispingen. En omdat mensen vaak na een avondmaal niet meer aan lichaamsbeweging doen (wat de suiker-pieken afvlakt), zorgt een lichte maaltijd ervoor dat je niet al te hoge suikerpieken hebt.

VLEES

Probeer zo min mogelijk bewerkt rood vlees te eten zoals spek, ham, hotdogs, salami en worsten. Personen die meer dan 160 gram bewerkt vlees per dag aten (het gewicht van twee worstjes en een plakje spek), hadden 44 procent meer kans om te sterven gedurende de tijd die de studie duurde vergeleken met mensen die slechts ongeveer 20 gram bewerkt vlees aten per dag. Deze 44 procent-toename is een aanzienlijk cijfer, zeker omdat al rekening werd gehouden met andere ongezonde leefstijlfactoren (dit omdat mensen die veel bewerkt vlees eten vaak ook meer roken, minder groente eten et cetera).

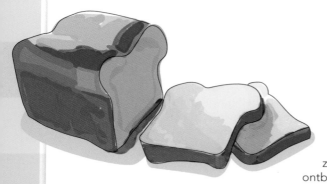

KANEEL

Snelle suikers bespoedigen het verouderings-proces, ze veroorzaken immers hoge suiker-pieken in het bloed. Snelle suikers bevinden zich bijvoorbeeld in wit- of bruinbrood, koekjes, ontbijtgranen, frisdranken, aardappelen, witte pasta et cetera. Kaneel is een specerij die de suikerpieken minder hoog maakt. Kaneel-extracten zorgen zelfs voor een betere bloedsuikerspiegel bij diabetici en kunnen de voortgang van alzheimer afremmen bij muizen. Je kunt kaneel toevoegen aan je havermoutpap of je smoothie.

ZOUT

Wist je dat er twee soorten zout bestaan? Het gewone zout, dat in de meeste keukens wordt gebruikt, is natriumchloride. Maar er bestaat ook kaliumzout (kaliumchloride). In het westen eten we te veel natrium (in de vorm van gewoon zout) en te weinig kalium. Kalium is ook aanwezig in groente en fruit. In plaats van gewoon zout kun je kaliumzout gebruiken. Op die manier kun je meer kalium innemen. Dit zout kun je in de meeste supermarkten vinden en bestaat uit ongeveer 30 procent gewoon zout (natriumchloride) en 70 procent kaliumchloride. Er wordt vaak nog 30 procent gewoon zout gebruikt omdat 100 procent kaliumchloride een bittere smaak heeft. Kalium is goed voor de bloedvaten en vermindert de kans op een beroerte (herseninfarct). Zo toonde een grote studie aan dat personen die 1,64 gram meer kalium per dag innamen 21 procent minder risico hadden op een beroerte.

GEZOND LEVEN

Gezond leven loont. Maar in welke mate? Een studie waarin 120.000 Nederlanders gedurende 25 jaar gevolgd werden, geeft een antwoord. De mannen in de studie die niet rookten, een normaal gewicht hadden, regelmatig sportten en gezond aten (veel groenten, fruit, noten, peulvruchten, vis en niet te veel vlees), leefden 8,5 jaar langer. De vrouwen die dit gezonde levenspatroon volgden leefden gemiddeld 15 jaar langer. Bovendien zijn dit nog maar de jaren dat de proefpersonen langer leefden. Het aantal gezonde levensjaren (waarin men niet geplaagd wordt door ziekten) is ongeveer het dubbele van deze cijfers.

Nagerechten

Tip

In plaats van
aardbeien kun
je ook exotisch
fruit zoals mango
of passievruchten
gebruiken.

Aardbeien-kokosijs

4 PERSONEN

Dit heb je nodig

400 ml kokosmelk
300 gr aardbeien
2 druppels vloeibare
stevia

Materialen

IJsmachine

Zo maak je het

Was de aardbeien en verwijder de kroontjes.

Pureer de aardbeien en de stevia met een staafmixer tot een gladde saus.

Mix de kokosmelk door de aardbeienpuree.

Zet de massa een tijdje in de koelkast of vriezer, zodat het voldoende koud wordt.

Giet het mengsel in je ijsmachine en draai er in 30 minuten een romig ijsje van.

Heb je geen ijsmachine, stop het mengsel dan in een afgesloten bak in de vriezer en roer het ieder uur door elkaar.

Haal het ijs een halfuur voor het serveren uit de vriezer. Het wordt namelijk heel hard.

Stoffen in aardbeien kunnen de kans op slokdarmkanker verminderen, zelfs als het bijna te laat is. Voorbode voor slokdarmkanker zijn immers de 'pre-cancereuze' letsels: dit zijn afwijkingen in het slokdarmweefsel die een voorloper zijn van kanker. Bij 80 procent van patiënten die één keer per dag gevriesdroogd aardbeienpoeder dronken, verminderden deze pre-cancereuze letsels. Bij sommige patiënten verdwenen ze helemaal. Bovendien zorgden de stoffen in de aardbeien ervoor dat de slokdarmcellen 60 procent minder ontstekingsfactoren en andere kanker bevorderende stoffen afscheidden.

Chia-sinaasappel-pudding

4 PERSONEN

Dit heb je nodig

600 ml sojamelk
40 gr chiazaad
1 sinaasappel
2 druppels vloeibare stevia
1½ tl kaneel

Zo maak je het

Doe de sojamelk in een kom.

Voeg de stevia en het kaneel toe en meng het door elkaar.

Was de sinaasappel goed. Rasp de schil van de sinaasappel met een fijne rasp en voeg dit bij de massa. Gebruik alleen het oranje gedeelte van de schil, het witte is bitter en niet lekker.

Gooi de sinaasappel niet weg, deze heb je straks nog nodig.

Voeg het chiazaad toe en roer het goed door elkaar.

Giet het mengsel in 4 glaasjes en laat het minimaal 3 uur opstijven in de koelkast.

Het chiazaad zet uit en hierdoor ontstaat er een puddingachtige substantie.

Snijd de schil van de sinaasappel en snijd deze in partjes.

Garneer de chiapudding met de partjes sinaasappel.

Choco-espressomousse

4 PERSONEN

Dit heb je nodig

90 gr pure chocola
2 el oploskoffie
2 el heet water
3 eieren
Drupje citroensap
Snuf zout

Zo maak je het

Laat de chocola au bain-marie smelten. Dit doe je door een vuurvaste kom op een pan met kokend water te zetten. De kom mag het water niet raken. De chocola zal nu langzaam gaan smelten.

Laat de gesmolten chocola iets afkoelen.

Meng de oploskoffie met het hete water. Zorg dat de koffie helemaal opgelost is.

Splits de eidooiers en de eiwitten.

Klop in een vetvrije kom de eiwitten met een drupje citroensap en een snuf zout tot stevige pieken. De eiwitten zijn stijf genoeg als je de kom op zijn kop kunt houden.

Klop in een andere kom de eidooiers met de oplosespresso tot een luchtige en schuimige massa.

Spatel de afgekoelde chocola door de eidooiers.

Voeg nu beetje bij beetje het eiwit toe en spatel het voorzichtig door elkaar.

Klop niet te hard, want dan klop je alle lucht eruit.

Giet het mengsel in 4 glaasjes en laat ze in ongeveer 2 uur opstijven in de koelkast.

Serveer de chocomousse met een glaasje espresso.

Koffie blijkt meer voordelen dan nadelen te hebben. Koffie kan de kans verminderen op allerlei verouderingsziekten, zoals de ziekte van Alzheimer, Parkinson, diabetes, hart- en vaatziekten en verschillende soorten kanker. Echter, te veel koffie verhoogt de kans op osteoporose, slaapproblemen en maagproblemen. Drink daarom maximaal drie koppen per dag.

Tip

Deze sorbet
kun je van
iedere fruitsoort
maken die je lekker
vindt, gebruik ook
eens mango, banaan
of aardbeien.

Snelle sorbet

4 PERSONEN

Dit heb je nodig

125 gr bevroren frambozen
200 gr bevroren blauwe bessen
Sap van een **½** limoen
1 eiwit
4 el water
1 druppel vloeibare stevia

Zo maak je het

Mix alle ingrediënten in een keukenmachine tot een gladde massa.

Is het ijs nog te dik, voeg dan wat extra water toe.

Serveer het ijs meteen.

Je kunt het eventueel in de vriezer bewaren. Haal het dan minimaal een halfuur voor het serveren uit de vriezer.

Let wel op: een rauw ei is niet geschikt voor zwangere vrouwen of mensen met een verminderde weerstand.

Blauw fruit zoals blauwe bessen, bosbessen en bramen remt hersenveroudering af met enkele jaren. Stoffen in blauw fruit, zoals anthocyanidines, beschermen de hersencellen tegen allerlei verouderingsprocessen.

Tip

Geen rabarber-seizoen? Je kunt ook kersen, frambo-zen, bessen of ander fruit gebruiken.

Rabarber-aardbeiencrumble

4 PERSONEN

Dit heb je nodig

2 rabarberstengels
100 gr aardbeien
60 gr amandel-schaafsel
50 gr amandelmeel
2 el appelsap
1 druppel vloeibare stevia
2 el olijfolie

Zo maak je het

Verwam de oven voor op 180 graden.

Was de rabarber en snijd deze in kleine stukjes van 1 cm. Was de aardbeien en snijd ze in partjes. Meng het geheel door elkaar en voeg eventueel nog wat stevia toe.

Verdeel het fruitmengsel over 4 kleine ovenschaaltjes.

Meng in een andere kom het amandelmeel met het amandelschaafsel, de olie, het appelsap en een tl stevia. Meng het goed door elkaar en verdeel het mengsel over de fruitschaaltjes.

Bak de crumbles in ongeveer 20 minuten goudbruin en krokant.

Serveer ze warm.

Rood fruit zorgt zowel voor een gezonde huid als voor gezonde bloedvaten. De huid en bloedvaten zijn immers uit dezelfde eiwitten opgebouwd (collageen en elastine). Wat dus goed is voor de bloedvaten, geeft vaak ook een jonge, stralende huid.

Yoghurt-mangomousse

4 PERSONEN

Dit heb je nodig

500 ml sojayoghurt
1 mango
1 druppel vloeibare stevia of meer
2½ tl agaragar

Zo maak je het

Schil de mango en pureer fijn met een staafmixer.

Verhit 4 el yoghurt met de agaragar in een pannetje en breng het al roerend aan de kook.

Zodra de massa dik wordt, haal je de pan van het vuur. Dit gaat vrij vlot.

Doe de resterende yoghurt in een kom en voeg naar wens stevia toe.

Meng de ingedikte yoghurt bij de rest en meng het goed door elkaar. Zorg dat er geen klontjes ontstaan.

Verdeel de massa over 4 kommetjes.

Druppel de mangopuree over de kommetjes. Trek met een mes zigzaggende bewegingen door de yoghurt, zo ontstaat er een mooi patroon.

Laat de mousse minimaal 2 uur opstijven in de koelkast.

Sojayoghurt bevat vaak veel suiker, vooral de sojayoghurts met een smaakje, zoals aardbeiensmaak of vanillesmaak. Koop dus pure sojayoghurt: die bevat meestal vijf keer minder suiker dan de sojayoghurt met een fruitsmaak (lees: suiker). Voeg zelf aan de pure yoghurt schijfjes banaan, rozijnen, bessen, zaden, pitten of noten toe. Ideaal voor een gezond ontbijt!

Eton mess

4 PERSONEN

Dit heb je nodig

2 eiwitten
200 ml kokosmelk
150 gr frambozen
2 druppels + 1 druppel vloeibare stevia
Drupje citroen
Snufje zout

Zo maak je het

Verwarm de oven voor op 100 graden.

Klop de eiwitten samen met 2 druppels stevia, een snuf zout en een drupje citroen stijf in een schone en vetvrije kom. Het eiwit is stijf genoeg als je de kom op zijn kop kunt houden.

Verdeel met een el 8 hoopjes beslag over een bakplaat bekleed met bakpapier.

Bak de meringues in 45 minuten af. Laat ze vervolgens afkoelen.

Mix de kokosmelk met 1 druppel stevia luchtig. Voeg de frambozen toe en meng dit door elkaar. Het mag best een beetje *messy* worden.

Verkruimel de meringues boven de kom en spatel het door elkaar.

Verdeel het mengsel over de glazen en serveer het meteen.

Wist je dat een gel gemaakt van bramen en zwarte frambozen het ontstaan van mondkanker kan afremmen en zelfs pre-cancereuze letsels kan omkeren? Deze pre-cancereuze letsels zijn voorlopers van kanker. Wetenschappers zijn zelfs bezig met het ontwerpen van minicapsules, met daarin braamextracten, die geïnjecteerd kunnen worden in pre-cancereuze letsels om het ontstaan van kanker af te remmen.

Amandelpudding met granaatappel

4 PERSONEN

Dit heb je nodig

2 eidooiers
2 druppels vloeibare stevia
500 ml amandelmelk
1 vanillestokje
1 kaneelstokje
2 kardemompeulen
4 blaadjes gelatine
30 gr amandel-schaafsel
1 granaatappel

Zo maak je het

Laat de gelatine weken in koud water.

Verwarm de melk met het kaneelstokje en de kardemompeulen. Snijd het vanillestokje open en voeg de merg en het stokje bij de melk.

Breng de melk aan de kook en laat het daarna ongeveer 6 minuten op een zacht vuur trekken.

Klop in een andere kom de eidooiers met de stevia licht en luchtig.

Haal de pan van het vuur en verwijder de kaneel, vanille en kardemom.

Knijp de gelatine uit en roer dit met een garde door de melk. Zorg ervoor dat er geen klontjes ontstaan.

Giet de melk bij de eidooiers en klop het mengsel goed door elkaar.

Zet de kom in een bak met ijskoud water en laat het al roerende indikken tot vladikte.

Giet de vloeistof in 4 schaaltjes en laat ze minimaal 3 uur opstijven in de koelkast.

Rooster het amandelschaafsel kort in een droge koekenpan. Serveer de pudding met de pitjes van de granaatappel en het amandelschaafsel.

Tip

Voor een meer volwassen toetje voeg je 1 el marsala of grand marnier bij de dressing.

Geroosterd steenfruit

4 PERSONEN

Dit heb je nodig

2 perziken
2 nectarines
100 gr kersen
Sap van **1** sinaasappel
1 vanillestokje
1 kaneelstokje
1 el olijfolie

Zo maak je het

Verwarm de oven voor op 200 graden.

Was de nectarines en de perziken en snijd ze doormidden.
Verwijder de pit.

Leg ze in een ovenschaal en voeg de gewassen kersen toe.
Pers een sinaasappel uit en voeg daar het merg van het
vanillestokje en een el olijfolie aan toe.

Giet de dressing over het fruit.

Leg het vanille- en het kaneelstokje tussen het fruit.

Rooster de vruchten in ongeveer 15 minuten zacht.

Serveer het geroosterde fruit met soyayoghurt of mascarpone.

GRANAATAPPELS

Granaatappels zijn goed voor de bloedvaten en de huid, en kunnen het risico op kanker verminderen. Bij proefpersonen die elke dag een glas granaatappelsap dronken, nam de dikte van de intima en media (dit zijn de binnenste twee lagen in de bloedvatwand) af met 30 procent, terwijl bij de controleproefpersonen die geen granaatappelsap dronken de intima en media net enkele procenten dikker werden. Ook zorgde het granaatappelsap ervoor dat de oxidatie van de LDL-deeltjes – de ongezonde cholesteroldeeltjes die samenklitten in de bloedvatwanden en zo zorgen voor slagaderverkalking – met 90 procent daalde. Ook daalde de bloeddruk met 12 procent, wat naar medische maatstaven aanzienlijk is. Let wel op: koop 100 procent granaatappelsap. Sommige granaatappelsapmerken bevatten slechts 30 procent granaatappelsap en 70 procent water met suiker. Je kunt ook granaatappels (met de witte pulp) zelf persen, maar dat is moeilijk. Daarom is puur granaatappelsap uit de winkel een oplossing.

WITTE THEE

Witte thee kan de rimpelvorming van de huid afremmen. Ook in groene thee en gemberthee zitten stoffen die de rimpelvorming kunnen vertragen. Gemberthee en groene thee bevatten daarnaast ook stoffen die ontsteking afremmen.

KRUIDEN

Kruiden bevatten allerlei stoffen die het verouderingsproces vertragen. Muizen die kurkuma (geelwortel) aten, hadden 43 procent minder eiwitsamenklontering in de hersenen die zorgt voor de ziekte van Alzheimer. Peterselie heeft het vermogen om tumorgroei af te remmen, en kaneel kan de suikerpieken en de vetten in het bloed bij diabetespatiënten verminderen.

FRISDRANK

Probeer zo weinig mogelijk frisdrank te drinken. Frisdrank zit boordevol (vloeibare) suiker, wat het verouderingsproces versnelt en het risico op allerlei verouderingsziekten verhoogt. Eén glas frisdrank per dag verhoogt de kans op een hartaanval met 43 procent en het risico op diabetes met minstens 22 procent. En als je eenmaal diabetes hebt, heb je 4 à 5 keer meer kans op een hartaanval.

Tussendoortjes

Tip

Het is leuk om hiermee te variëren! Voeg eens andere noten toe of gedroogde abrikozen of pruimen.

Raw repen

8 STUKS

Dit heb je nodig

125 gr gedroogde vijgen
125 gr dadels
40 gr geraspte kokos
50 gr macadamia-noten

Zo maak je het

Meng de vijgen met de dadels in een keukenmachine tot een dikke pasta.

Voeg de macadamianoten en de kokos toe en meng het nog even kort.

Het is het lekkerste als de noten niet helemaal fijngemalen zijn.

Bekleed een rechthoekige vorm met wat bakpapier en verdeel het mengsel over de vorm.

Druk het goed aan en laat de repen minimaal 2 uur opstijven in de koelkast.

Snijd de plak in 8 gelijke repen en bewaar de repen in de koelkast.

Een gezond alternatief voor suiker is… fruit. Je kunt je voeding altijd zoeter maken met appelmoes, geplette bananen of dadelsuiker (bestaat uit vermalen dadels).

Tip

Deze geitenkaas-bonbons zijn ook lekker om in een salade te verwerken.

Hartige bonbons

12 STUKS

Dit heb je nodig

200 gr zachte geiten-kaas
30 gr amandel-schaafsel
60 gr pistachenoten
Handje bieslook
Handje peterselie
Handje basilicum

Zo maak je het

Hak de groene kruiden fijn en verdeel ze over een schaaltje.

Pel de pistachenoten. Hak ze fijn en leg ze in een schaaltje.

Leg het amandelschaafsel in een derde schaaltje.

Draai met je handen kleine balletjes van ongeveer 1½ cm van de geitenkaas.

Haal de balletjes door een van de drie toppings en leg ze op een bordje.

Was je handen voordat je met een nieuwe topping begint, anders krijg je een mengeling van smaken.

Bewaar de geitenkaasbonbons in de koelkast.

In tegenstelling tot melk is kaas een belangrijke bron van vitamine K en van bacteriën die de darmen gezond houden. Vitamine K is goed voor hart en bloedvaten en draagt bij aan de versterking van botten.

Healthy haverrepen

8 STUKS

Dit heb je nodig

150 gr havermout
50 gr pindakaas (zie recept op pagina 37)
1 banaan
1 ei
50 gr hazelnoten
60 gr pure chocola
Scheutje olijfolie

Zo maak je het

Verwarm de oven voor op 180 graden.

Mix de havermout met de banaan, het ei, een scheutje olijfolie en de pindakaas in een keukenmachine.

Hak de noten grof en meng deze door de havermout.

Neem een ovenschaal van 20 x 20 cm en leg hier een bakpapiertje in.

Verdeel het mengsel over de schaal en druk het goed aan, zodat er een gelijkmatige plak ontstaat.

Bak de haverrepen in ongeveer 30 minuten af.

Laat ze afkoelen in de schaal.

Smelt de chocolade au bain-marie. Dit doe je door een hittebestendige kom boven een pan met kokend water te hangen. De kom mag het water niet raken. De chocolade zal nu langzaam gaan smelten. Laat de chocola vervolgens iets afkoelen.

Smeer de chocolade met een mes over de haverrepen. Laat de chocola uitharden.

Snijd de repen in 8 gelijke plakken en bewaar ze in de koelkast.

Cacao is gezond voor de hersenen. Oude personen met geheugenstoornissen (ook wel *mild cognitive impairment* genoemd, wat vaak een voorloper van alzheimer is) presteren beter op cognitieve tests als ze acht weken lang cacao eten. Cacao bevat stoffen die de bloedvaten gezond houden, en die ook de insulinegevoeligheid van de hersencellen verbeteren, wat maakt dat de hersenen minder snel verouderen.

Tip

Het is ook lekker om de koekjes daarna te garneren met gesmolten chocola.

Kokoskoekjes

8 STUKS

Dit heb je nodig

2 eiwitten
75 gr geraspte kokos
2 druppels vloeibare stevia
Drupje citroen

Zo maak je het

Verwarm de oven voor op 170 graden.

Klop de eiwitten samen met de stevia en een drupje citroen stijf in een schone kom. Zorg ervoor dat de kom vetvrij is, anders raken de eiwitten niet opgeklopt. Het eiwit is stijf genoeg als je de kom op zijn kop kunt houden.

Spatel de geraspte kokos door het eiwitmengsel.

Verdeel met een lepel 8 gelijke hoopjes beslag op een bakplaat bekleed met bakpapier.

Bak de kokoskoekjes in ongeveer 15 minuten gaar.

Ze zijn klaar als de bovenkant goudbruin kleurt.

Tip

Voeg een stukje pure chocolade of gehakte pecannoten toe voor nog meer variatie.

Bananabread

CAKE VAN 23 CM

Dit heb je nodig

3 rijpe bananen
50 gr dadels (zonder pit)
3 eieren
150 gr amandelmeel
2 tl bakpoeder
Snuf zout

Zo maak je het

Verwarm de oven voor op 175 graden.

Pureer de bananen met de dadels glad in een keukenmachine.

Klop in een andere kom de eieren met een snuf zout luchtig.

Meng de bananenpuree met de eieren.

Spatel het amandelmeel door het beslag en voeg het bakpoeder toe.

Zorg dat er een egaal mengsel ontstaat.

Vet een cakevorm in met een bakspray.

Giet het mengsel in de vorm en bak het bananabread in ongeveer 40-45 minuten af.

Wordt de bovenkant tussentijds te donker? Dek deze dan af met een stukje bakpapier.

Het bananabread is gaar als een satéprikker er schoon en droog uit komt.

Laat de cake afkoelen op een rooster.

Amandelmeel bestaat uit gemalen amandelnoten. Het is dus geen gewoon meel, dat veel zetmeel (suikers) bevat, wat hoge suikerpieken geeft. Bovendien zijn noten heel gezond voor hart en bloedvaten.

Tip

Het staat
extra leuk als
je gekleurde
tomaatjes gebruikt,
maar kun je die niet
vinden, dan zijn gewone
kerstomaatjes net zo lekker.

Capresespiesjes

8 STUKS

Dit heb je nodig

100 gr kleine tomaatjes
125 gr minimozzarella
100 gr grote olijven
Handje basilicum

Materialen

8 satéprikkers

Zo maak je het

Was de tomaatjes en laat de minimozzarella uitlekken.

Rijg de tomaatjes, de mozzarella, de olijven en de basilicumblaadjes om en om op een stokje.

Ga door totdat het stokje vol is.

Bewaar de stokjes in de koelkast.

Dit is een goed voorbeeld van een gezond vieruurtje omdat je op deze manier nog extra groente kunt nuttigen. Groente vormt de basis van de voedselzandloper.

Tip

Feestje?
Neem een
groot bord, zet
de dipsaus in het
midden en verdeel
de groentestengels
eromheen.

Groentedip

4 PERSONEN

Dit heb je nodig

1 rode paprika
½ komkommer
8 wortelen
100 gr kerstomaatjes
2 stengels bleek-
selderij

Voor de dipsaus

2 el mayonaise
4 el sojayoghurt
Sap van een **½** citroen
Handje bieslook
Handje peterselie
Peper en zout

Zo maak je het

Voor de dipsaus meng je de mayonaise met de yoghurt en het citroensap.

Hak de groene kruiden fijn en meng deze door de mayonaise.

Breng de dipsaus op smaak met wat peper en zout.

Verdeel de dipsaus over 4 glaasjes.

Was de groentes en snijd ze in dunne repen van ongeveer ½ cm dikte.

Verdeel de groentes over de glaasjes.

Prik de kerstomaatjes op een prikkertje en zet deze bij de rest van de groentes in de glaasjes.

Minstens vijf keer per week groente eten vermindert de kans op maculaire degeneratie met de helft. Maculaire degeneratie is een veelvoorkomende oogziekte die kan leiden tot blindheid. De ziekte komt vooral voor bij oudere personen en is het gevolg van veroudering van de oogcellen.

Gepimpte choco

1 REEP

Dit heb je nodig

200 gr pure chocola
40 gr gepelde pistachenoten
25 gr hele amandelen
25 gr cranberry's

Zo maak je het

Pel de pistachenoten en hak deze grof.

Smelt 140 gr chocola au bain-marie. Dit doe je door een hittebestendige kom boven een pan met kokend water te hangen. De kom mag het water niet raken. De chocola zal nu langzaam gaan smelten.

Haal de kom van het vuur en voeg nu de resterende chocola toe.

Roer het net zo lang totdat alle chocola gesmolten is.

Voeg een deel van de pistachenoten, de amandelen en de cranberry's toe en meng het goed.

Stort de massa uit op een bakpapiertje en vorm er een rechthoekige plak van.

Garneer de chocola met de overgebleven pistachenoten, amandelen en cranberry's.

Laat de reep uitharden.

Zwarte en bruine chocola vermindert de kans op een hartaanval met minstens 37 procent. Hoe donkerder de chocola, hoe beter. Eet daarom vooral chocola met minstens 70 procent cacao. Recent hebben chocoladebedrijven van de Europese Unie toestemming gekregen om op de verpakking van hun chocolade te plaatsen dat donkere chocola goed is voor hart en bloedvaten.

Tip
Snijd kleine puntjes van de cheesecake, hij is vrij machtig.

Lemon-cheesecake

6-8 PERSONEN

Dit heb je nodig

100 gr cashewnoten
150 gr dadels zonder pit
1 citroen
250 gr ricotta
250 gr mascarpone
2 tl agaragar
3 druppels vloeibare stevia

Materialen

Springvorm Ø 16 cm

Zo maak je het

Leg een bakpapiertje op de bodem van de springvorm en vet de vorm in met een bakspray.

Laat de cashewnoten een uurtje weken in wat water. Giet het overtollige water weg.

Meng de noten met de dadels fijn in een keukenmachine en verdeel het mengsel over de bodem van de vorm. Druk het goed aan met een lepel en zet het weg in de koelkast.

Rasp het gele gedeelte van de schil van de citroen met een fijne rasp en zet dit apart.

Pers de citroen uit. Breng het citroensap al roerend met de agaragar kort aan de kook, totdat er een gelei ontstaat. Laat het mengsel afkoelen.

Roer de mascarpone los met de stevia en de citroenrasp. Voeg de citroengelei toe en meng het goed door elkaar. Zorg dat er geen klontjes ontstaan.

Spatel ten slotte voorzichtig de ricotta door de massa, zorg dat het een geheel wordt.

Verdeel het mengsel over de vorm.

Laat de cheesecake in ongeveer 4 uur opstijven in de koelkast.

Choco-pindakaasfudge

12 TOT 15 STUKJES

Dit heb je nodig

125 gr pindakaas (zie het recept op pagina 37)
100 gr pure chocola
50 gr amandelen

Materialen

Vierkant bakje van 10 x 10 cm

Zo maak je het

Verwarm de pindakaas op een zacht vuur in een steelpannetje.

Breek de chocola in stukken en voeg bij de pindakaas.

Als alle chocola gesmolten is, haal je de pan van het vuur.

Hak de amandelen grof en meng deze door de massa.

Bekleed het bakje met bakpapier en giet de massa in het bakje.

Laat de fudge minimaal 3 uur opstijven in de koelkast.

Snijd de fudge in stukken van 2 x 2 cm.

Bewaar de fudge in de koelkast.

Hoe puurder de chocolade, hoe beter. De puurheid van chocolade wordt bepaald door de hoeveelheid cacao. Donkere chocolade die minstens 70 procent cacao bevat heeft een duidelijk aantoonbaar gezond effect op hart en bloedvaten.

Drankjes

Water met smaak

VOOR 1 GLAS

Roodfruitwater
Verdeel 30 gr (bevroren) rood fruit in een glas. Voeg voldoende ijs toe en vul het glas met water. Drink het koud.

Limoen-muntwater
Verdeel 3 partjes limoen en 2 takjes munt in een glas. Voeg voldoende ijs toe en vul het glas met water. Drink het koud.

Citruswater
Verdeel 2 partjes sinaasappel, grapefruit en citroen in een glas. Voeg voldoende ijs toe en vul het glas met water. Drink het koud.

Water dient onze basisdrank te zijn. Drink elke dag ruim voldoende, 1½ tot 2 liter per dag.

Aardbeien, bramen of bosbessen zijn duur als je ze vers koopt in de supermarkt. Maar je kan dit fruit ook diepgevroren kopen, wat goedkoper is. Diepvriesfruit bevat nog alle gezonde stoffen. Je kunt het vooral gebruiken om smoothies te maken. Zo kan je zelfs in de winter nog een gezonde frambozen- of bosbessensmoothie maken.

Smoothies

VOOR 1 GLAS

Roodfruitsmoothie

Meng 200 gr rood fruit (eventueel uit de diepvries) met 200 ml sojamelk in een keukenmachine tot een gladde massa.

Groene smoothie

Meng 1 flinke hand spinazie met 2 geschilde kiwi's, een stuk komkommer van 7 cm en 150 ml koud water in een keukenmachine tot een gladde massa.

Biet-gembersmoothie

Meng 1 rode gekookte biet met een stukje geschilde verse gember van 1 cm, een groene appel zonder klokhuis en 200 ml koud water in een keukenmachine tot een gladde massa.

Mango-ananassmoothie

Meng een halve mango met een schijf verse ananas en 200 ml kokoswater in een keukenmachine tot een gladde massa.

Avocado-banaansmoothie

Meng 1 rijpe avocado met een halve banaan en het sap van 3 sinaasappelen in een keukenmachine tot een gladde massa.

Smoothies kunnen bijna een medicinale werking hebben. Een onderzoek met 1900 proefpersonen toonde aan dat mensen die minstens drie keer per week fruit- of groentesap dronken 76 procent minder kans op de ziekte van Alzheimer hadden. Als ze nog maar twee keer per week een vruchtensapje dronken, hadden ze slechts 16 procent vermindering op alzheimer. Kortom, regelmaat is van belang.

Tip

Maak in één
keer een grote
hoeveelheid
chaimix, dit kun je
goed bewaren en dan
hoef je niet elke keer
opnieuw te vijzelen.

Chai tea latte

VOOR 1 BEKER

Dit heb je nodig

1 tl groene thee
1 kardemompeul
½ tl kaneel
1 kruidnagel
¼ tl gedroogde gember
1 peperkorrel
1 beker sojamelk
1 tl stevia

Materialen

Theefilter

Zo maak je het

Verwarm de melk in een pannetje op een zacht vuur.

Vijzel de specerijen even kort, zodat de kruidnagel, de peper en de kardemom een beetje gekneusd zijn.

Doe de thee en alle specerijen in het theefilter.

Leg het filter in de melk en laat de melk ongeveer 5 minuten op een zacht vuur trekken.

Verwijder het filter en klop de melk eventueel iets op met een garde.

Garneer met een snufje kaneel.

Drink vooral ongesuikerde sojamelk. Idem voor andere plantaardige melksoorten, zoals rijstmelk of amandelmelk. Als je toch een zoete smaak wilt, voeg dan enkele druppels stevia toe of wat suikeralcoholpoeder. Deze gezonde suikers veroorzaken amper suikerpieken in je bloed.

Tip

Kies je favoriete groene thee en voeg de smaken toe die jij lekker vindt. Maak hem fris met sinaasappel en citroen of fruitig met rood fruit.

Groene ijsthee met limoen

VOOR EEN HELE KAN

Dit heb je nodig

1 liter water
5 gr groene thee
1 limoen
Paar takjes munt
IJsklontjes

Zo maak je het

Kook het water in een waterkoker.

Giet het water in een grote kan en laat het ongeveer 3 minuten staan. Groene thee zet je in iets afgekoeld water, anders krijgt de thee een bittere smaak.

Doe de groene thee in een zeefje of filter en laat het maximaal 3 minuten trekken.

Laat de thee helemaal afkoelen en zet het bij voorkeur een nachtje in de koelkast.

Snijd de limoen in partjes en voeg deze samen met de munt bij de afgekoelde ijsthee.

Serveer de ijsthee koud met ijsklontjes.

Mensen die zes (kleine) kopjes groene thee per dag drinken, hebben 40 procent minder kans op een beroerte. Let wel op: thee en koffie kunnen het maagslijmvlies beschadigen. Drink daarom niet te veel thee of koffie, zeker niet op een nuchtere maag. Drink dagelijks één à drie koppen groene of witte thee, en verder vooral water.

Tip

Groene en witte thee zet je het beste op 80 graden. Laat het water iets afkoelen voordat je de thee erin doet.

Zelf thee maken

Zelf thee maken is leuk en helemaal niet moeilijk. Je kunt allerlei kruiden, bloemen en specerijen uit de natuur gebruiken. Zowel vers als gedroogd. Voor een glas thee heb je ongeveer 2 gr gedroogde thee nodig en voor een hele pot thee 5 gram. Meng de kruiden met je favoriete groene thee of maak een mengsel van puur alleen kruiden.

Sinaasappel-munt
Voeg een paar takjes verse munt en een partje sinaasappel toe aan gekookt water. Lekker fris en fruitig.

Spicy
Maak een mengsel van gedroogde kaneelstokjes, venkelzaad, zoethout, gedroogde gember en steranijs. Meng alles door elkaar. Dit geeft een lekker kruidige en ontspannende thee.

Lemon-verbena
Voeg blaadjes gedroogde verveine en citroengras toe aan je favoriete groene thee. Dit geeft een heerlijk frisse citroensmaak aan je thee.

Bloemig
Maak een mengsel van gedroogde kamille, gedroogde jasmijnbloesem en groene thee voor een lekker fleurige thee.

Lavendel
Voeg een klein beetje gedroogde lavendel toe aan pure witte thee. Deze combinatie is lekker licht en heel verrassend.

Fruitig
Meng gedroogde rode vruchten met hibiscus en wat witte thee. De hibiscus geeft een friszurige en fruitige smaak aan je thee.

Guilt free chocolademilkshake

VOOR 1 GLAS

Dit heb je nodig

180 ml sojamelk
2 tl rauwe cacao-
poeder
1 banaan

Zo maak je het

Snijd de banaan in plakjes en vries deze minimaal 3 uur van
tevoren in.

Meng de bevroren banaan met de overige ingrediënten in een
keukenmachine tot een lobbige milkshake.

Dips

Dips

Groenepestodip

Rooster 30 gr pijnboompitten kort in een droge koekenpan. Meng de pijnboompitten met 40 gr basilicum, 1 teen knoflook, 40 gr Parmezaanse kaas en 120 ml olijfolie in een keukenmachine tot een gladde massa. Breng de pesto op smaak met wat peper en zout.

Krabdip

Doe 120 gr krabvlees in een schaaltje. Voeg een gesnipperd sjalotje, ½ rode peper, een el mayonaise, 2 el plantaardige yoghurt en het sap van een halve citroen toe. Hak een handje peterselie fijn en meng dit door de dip. Breng de dip op smaak met peper en zout.

Tuinbonendip

Kook 100 gr tuinbonen in 6 minuten gaar. Haal het buitenste vliesje van de bonen en meng de bonen met het sap van een halve citroen, 1 teen knoflook, 2 takjes munt en 50 gr ricotta in een keukenmachine tot een gladde massa. Breng de dip op smaak met wat peper en zout.

Dips zijn een ideale manier om gezonde tussendoortjes veel smakelijker te maken. Je kunt immers groente (kerstomaatjes, stukjes bloemkool, wortelschijfjes) even dippen in je sausje om deze als een lekker en gezond vieruurtje te nuttigen.

Dips

Avocadodip

Snijd een avocado doormidden en verwijder de pit. Prak het vruchtvlees fijn in een schaaltje. Voeg een gehakte teen knoflook, een halve gesnipperde rode ui en het sap van een halve citroen toe. Snijd een tomaat in partjes en verwijder de zaadjes. Snijd de tomaat in blokjes en meng deze door de avocadodip. Breng de dip op smaak met peper en zout.

Paprika-hummusdip

Meng 150 gr kikkererwten, 150 gr geroosterde paprika, 1½ el tahin, het sap van een halve citroen, ½ tl komijn en een flinke scheut olijfolie in een keukenmachine tot een gladde massa. Breng de dip op smaak met wat peper en zout.

Wittebonendip

Meng 150 gr witte bonen, het sap van een halve citroen, 1 teen knoflook, een flinke hand peterselie en een scheut olijfolie in een keukenmachine tot een gladde massa. Breng de dip op smaak met wat peper en zout.

Smaakmakers

Smaakmakers

Frambozendressing

Pureer 50 gr frambozen glad met een staafmixer. Voeg 3 el appelazijn, 2 tl mosterd, 60 ml water en 150 ml olijfolie toe en mix er een gladde dressing van. Breng de dressing op smaak met peper en zout.

Tahindressing

Meng 3 el tahin met het sap van een citroen, 1 tl komijn, 1 teen knoflook en 150 ml olijfolie in een keukenmachine tot een gladde dressing. Breng de dressing op smaak met peper en zout.

Romige avocadodressing

Meng ½ avocado met ½ ui, een el mayonaise, het sap van een limoen, een handje peterselie en 150 ml water in een keukenmachine tot een gladde dressing. Breng de dressing op smaak met peper en zout.

Zure voedingsmiddelen zoals azijn of citroen verlagen de suikerpieken in het bloed die anders het verouderingsproces versnellen. Voor de twintigste eeuw was azijnthee een van de weinige middelen die de symptomen van suikerziekte (te veel suiker in het bloed) konden verminderen. Een vinaigrette met azijn is dus goed voor de bloedsuiker.

Tip

Bewaar de smaakmakers maximaal twee dagen in de koelkast.

Smaakmakers

Basilicumdressing
Meng 30 gr basilicum met 1 teen knoflook, het sap van
½ citroen, 3 ansjovisfilets en 120 ml olijfolie in een keukenmachine tot een gladde massa. Breng de dressing op smaak met
peper en zout.

Sojadressing
Meng 4 el sojasaus met 1 el sesamolie, 3 el olijfolie en het sap van
een halve limoen. Hak een stukje gember van ongeveer 1 cm fijn
en snijd een rode chilipeper (zonder zaadjes) in dunne ringen.
Pers een teen knoflook uit en voeg dit samen met de gember en
de chili bij de dressing. Meng het voor gebruik door elkaar.

Knoflookolie
Giet 300 ml olijfolie in een kannetje. Pel vier tot vijf knoflooktenen
en voeg deze bij de olie. De olie zal een heerlijke knoflooksmaak
krijgen en kun je overal voor gebruiken.

Smaakmakers zijn belangrijk. Ze maken je salades
lekkerder, evenals heel wat andere groenten die anders
maar weinig smaak zouden hebben.

GEZONDE SUIKERVERVANGERS

Gewone suiker veroorzaakt hoge suikerpieken in de bloedbaan. Deze suikerpieken versnellen het verouderingsproces. Er bestaan echter gezonde 'suikers' die geen of veel lagere suikerpieken veroorzaken:

stevia

Afkomstig van de steviaplant uit Zuid-Amerika. Stevia is 30 tot 100 keer zo zoet als gewone suiker. Je hebt er dus veel minder van nodig om je gerechten aan te zoeten vergeleken met gewone suiker. Let wel op: in de supermarkt bevatten steviaproducten vaak slechts 4 procent stevia en 96 procent dextrose (een wetenschappelijke naam voor suiker). Je kunt het best pure stevia kopen, deze is in vloeibare vorm verkrijgbaar in flesjes. Enkele druppels zijn voldoende om een gerecht aan te zoeten.

tagatose

Een suiker die even zoet smaakt als gewone suiker, maar zeer slecht geabsorbeerd wordt door de darm. Hierdoor veroorzaakt tagatose amper stijgingen in de bloedsuikerspiegel.

suikeralcoholen

Voorbeelden hiervan zijn xylytol, mannitol en erythritol; hun naam eindigt altijd op -ol. Deze worden slechts gedeeltelijk opgenomen in de darm, zodat ze minder hoge suikerpieken in het bloed veroorzaken. Een gezonde suikeralcohol is erythritol, die in tegenstelling tot veel andere suikeralcoholen bijna nul calorieën telt en geen darmlast geeft.

SMOOTHIE

Een smoothie is een ideale manier om extra fruit en groente te eten. Echter, omdat de suiker uit het fruit zich nu in vloeibare vorm bevindt, kan deze een hogere suikerpiek veroorzaken. Om te hoge suikerpieken te vermijden kun je dus beter een smoothie na een maaltijd drinken. Of je kunt er ook meer groente in verwerken, zoals spinaziebladeren, peterselie, kool of komkommer. Een eenvoudige manier om een groente-fruitsmoothie te maken, is om een banaan en een handvol spinaziebladeren in een blender te gooien en alles te mixen.

Bronnen

P.21 Clinical benefit of a short term dietary oatmeal intervention in patients with type 2 diabetes and severe insulin resistance. *Experimental Clinical Endocrinology and Diabetes,* 2008.

P.29 Risk factors for mortality in the nurses' health study: a competing risks analysis. *American Journal Epidemiology,* 2011.

P.40 Adherence to a low-risk, healthy lifestyle and risk of sudden cardiac death among women. *Journal of the American Medical Association,* 2011.

P.41 Reversals of age-related declines in neuronal signal transduction, cognitive, and motor behavioral deficits with blueberry, spinach, or strawberry dietary supplementation. *Journal of Neuroscience,* 1999.

P.41 Favorable effects of berry consumption on platelet function, blood pressure, and HDL cholesterol. *American Journal of Clinical Nutrition,* 2008.

P.41 Prospective Study of Breakfast Eating and Incident Coronary Heart Disease in a Cohort of Male us Health Professionals. *Circulation,* 2013.

P.47 Alzheimer's associated Abeta oligomers show altered structure, immunoreactivity and synaptotoxicity with low doses of oleocanthal. *Toxicology and Applied Pharmacology,* 2009.
Phytochemistry: ibuprofen-like activity in extra-virgin olive oil. *Nature,* 2005.

P.49 Dietary intakes of mushrooms and green tea combine to reduce the risk of breast cancer in Chinese women. *International Journal of Cancer,* 2009.

P.49/141 Dietary intakes of berries and flavonoids in relation to cognitive decline. *Annals of Neurology,* 2012.

P.53 Breast cancer risk in pre-menopausal women is inversely associated with consumption of broccoli, a source of isothio-cyanates, but is not modified by GST genotype. *Journal of Nutrition,* 2004.

P.55 A higher ratio of beans to white rice is associated with lower cardiometabolic risk factors in Costa Rican adults. *The American journal of clinical nutrition,* 2011.

P.65/81 Efficacy of immunochemo-therapy as adjuvant treatment after curative resection of gastric cancer. Study Group of Immunochemotherapy with PSK for Gastric Cancer. *Lancet,* 1994.

P.71 Cigarette smoking, fish consumption, omega-3 fatty acid intake, and associations with age-related macular degeneration: the US Twin Study of Age-Related Macular Degeneration. *Archives of Ophthalmology,* 2006.

P.96 Associations of dietary magnesium intake with mortality from cardiovascular disease: The JACC study. *Atherosclerosis,* 2012.

P.96 Consumption of onions and a reduced risk of stomach carcinoma.

Gastroenterology, 1996.

P.97 Red meat consumption and mortality: results from 2 prospective cohort studies. *Archives of Internal Medicine,* 2012.

P.121 Omega-3 Fatty acids from fish or fish-oil supplements, but not alpha-linolenic acid, benefit cardiovascular disease outcomes in primary- and secondary-prevention studies: a systematic review. *American Journal of Clinical Nutrition,* 2006.
Early protection against sudden death by n-3 polyunsaturated fatty acids after myocardial infarction: time-course analysis of the results of the Gruppo Italiano per lo Studio della Sopravvivenza nell'Infarto Miocardico (GISSI)-Prevenzione. *Circulation,* 2002.

P.130 Meat consumption and mortality- results from the European Prospective Investigation into Cancer and Nutrition, *BMC Medicine,* 2013.

P.130/152 Orally Administered Cinnamon Extract Reduces ß-Amyloid Oligomerization and Corrects Cognitive Impairment in Alzheimer's Disease Animal Models. *PLoS One,* 2011.

P.131 The impact of a Mediterranean diet and healthy lifestyle on premature mortality in men and women. *American Journal of Clinical Nutrition,* 2011.

P.131 Potassium intake, stroke, and cardiovascular disease: a meta-analysis of prospective studies. *Journal of the American College of*

Cardiology, 2011.

P.135 Randomized phase ii trial of lyophilized strawberries in patients with dysplastic precancerous lesions of the esophagus. *Cancer Prevention Research*, 2012.

P.147 Effects of a topically applied bioadhesive berry gel on loss of heterozygosity indices in premalignant oral lesion. *Clinical Cancer Research*, 2008.
Formulation and in vitro-in vivo evaluation of black raspberry extract-loaded PLGA/PLA injectable millicylindrical implants for sustained delivery of chemopreventive anthocyanins. *Pharmaceutical Research*, 2010.

P.152 Cinnamon extract improves fasting blood glucose and glycosylated hemoglobin level in Chinese patients with type 2 diabetes. *Nutrition Research*, 2012.

P.152 The curry spice curcumin reduces oxidative damage and amyloid pathology in an Alzheimer transgenic mouse. *Journal of Neuroscience*, 2001.

P.152 The dietary flavones apigenin and luteolin impair smooth muscle cell migration and VEGF expression through inhibition of PDGFR-beta phosphorylation. *Cancer Prevention Research*, 2008.

P.152 Pomegranate juice consumption for 3 years by patients with carotid artery stenosis reduces common carotid intima-media thickness, blood pressure and LDL oxidation. *Clinical Nutrition*, 2004.

P.153 Consumption of sweet beverages and type 2 diabetes incidence in European adults: results from EPIC-InterAct. *Diabetologia*, 2013.

P.153 Diet soft drink consumption is associated with an increased risk of vascular events in the Northern Manhattan Study. *Journal of General Internal Medicine*, 2012.

P.161 Benefits in Cognitive Function, Blood Pressure, and Insulin Resistance Through Cocoa Flavanol Consumption in Elderly Subjects With Mild Cognitive Impairment. *Hypertension*, 2012.

P.169 Dietary carotenoids, vitamins A, C, and E, and advanced age-related macular degeneration. Eye Disease Case-Control Study Group. *JAMA*, 1994.

P.171 Chocolate consumption and cardiometabolic disorders: systematic review and meta-analysis. *British Medical Journal*, 2011.

P.181 Fruit and vegetable juices and Alzheimer's disease. *The American Journal of Medicine*, 2006.

P.185 Green and black tea consumption and risk of stroke: a meta-analysis. *Stroke*, 2009.

Aantekeningen

Aantekeningen